몸에 좋은 세계 차
완전정복

몸에 좋은 세계 차 완전정복

최성희(동의대 식품영양학과 교수) 지음

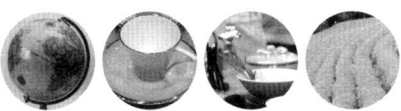

중앙생활사

머리말

나와 차(茶)와의 만남은 십수 년 전 유학 시절로 거슬러 올라간다. 대학을 졸업한 후 나는 평소에 흥미를 가지고 있던 식품화학 분야를 연구하기 위해 일본 유학의 길을 택했다. 유학 생활 동안 많은 것을 배우고 경험했지만, 무엇보다 값진 것이 있다면 '차와의 만남'이라고 선뜻 얘기하고 싶다.

나와 차와의 만남 뒤에는 또 하나의 만남이 있다. 그것은 곧 나로 하여금 차와 인연을 맺게 하고 연구하게 이끌어주신 스승과의 만남이다. 나의 지도교수였던 야마니시 테이(山西貞) 박사는 차의 풍미에 관한 연구에서는 국제적으로 저명한 분으로, Tea Yamanishi(본명 Yamanishi Tei)란 애칭을 가지고 있을 정도다. 선생님은 세계의 차 생산지를 방문하여 연구하고 그곳에서 지도도 한다. 그래서 선생님의 연구실에는 원산지의 각국 차들이 놓여 있고, 오후 3시의 티타임에는 각국 차의 품평회가 열리곤 하였다.

유학 생활을 마치고 돌아와 스승님이 걸어오신 그 길을 미숙하나마 흉내 내며 걸어가고 있다. 우리나라에 와서는 자연히 우리나라의 차에 관심을 가지게 되었고, 이내 그 독특한 풍미에 매료되었다. 차의 성분과 몸속에서의 생리 작용 등을 연구하다보니 차와 관련되는 국내외의 많은 분과 교류하게 되었고, 주변 사람들로부터도 차와 인연을 맺게 해주어 고맙다는 인사를 듣는 일이 많아졌다.

최근 차의 성분과 그것의 인체 내에서의 작용들이 속속 밝혀지고 있어, 옛날부터 경험적으로 전해져온 차의 효능이 과학적으로 증명되고 있다. 이렇듯 차는 좋은 사람을 만나게 해주고 건강을 유지해주며 생활의 여유를 가져다

주는 것이기에, 가능한 한 많은 분께 차와의 만남을 주선하여 차 생활을 즐기게 하고 싶다는 소망을 담아 이 책을 쓰게 되었다.

차의 향미 성분 및 효능에 관해서는 그동안 직접 연구한 실험 결과를 토대로 하고, 필요한 경우 다른 연구자의 연구 결과를 참고하여 설명하였다. 차 문화에 대해서는 차 전문지 등에 기고한 것들을 중심으로 정리했지만, 부족한 부분은 기존에 나와 있는 책이나 기타 문헌을 인용하였다. 차에 관해 전문가가 아니더라도 알 수 있도록 쉽게 쓰려고 했으나 화학적인 성분이나 생리작용과 구조와의 관계 등을 표현할 때는 어쩔 수 없이 전문용어를 사용할 수밖에 없었다.

많은 종류의 차 중에서 특히 녹차, 홍차, 우롱차를 주로 다룬 것은 이들이 세계적으로 가장 많이 애용되는 차이며, 이들 차가 같은 차나무의 어린 잎에서 만들어지기 때문이다. 한편으로는 발효라는 제조 공정의 차이에서 오는 미묘한 맛과 향과 효능의 차이를 과학적인 근거로 비교하고자

하였다.

  한 잔의 차에서조차 도(道)를 생각했던 우리 선현들의 아름다운 멋과 예(禮)가 깃든 차 문화를 생활화하고, 한 걸음 나아가 차의 제조법이나 향, 맛, 효능 등을 이해하면서 차를 마신다면 금상첨화(錦上添花)일 것이다.

  보잘것없는 이 글이 책으로 나오기까지 격려해준 사랑하는 가족과 한국차학회를 비롯한 주위의 많은 분께 감사드린다. 또한 글을 정리하는 데에 도움을 준 실험실 제자들에게도 고맙게 생각한다. 그리고 1999년 초판이 나온 이후, 필자가 2001년 국제차학회에서 새롭게 발표한 내용과 새로운 내용을 보강하여 개정 증보판을 내도록 도와주신 중앙생활사 사장님께 진심으로 감사드린다.

최 성 희

추천사

　차에 대한 연구가 인문과학과 자연과학 분야로 대별되는 것은 중국의 다도를 성립한 당나라 육우(陸羽, 728~804년)의 《다경》에서 비롯된다. 왜냐하면 그는 《다경》의 〈제1장 : 차의 근원〉조에서 다도란 형이상학적 마음과 형이하학적인 몸의 수양으로 양분된다는 것을 간파했기 때문이다. 나아가 자사(子思)가 지은 《중용》에 따르면 "하늘이 명령한 것을 성이라 부르고 성에 따르는 것을 도라 한다."고 하였다.

　따라서 '성에 따르는 것을 도'라고 한다면, '차의 성품에 따르는 것이 다도'가 될 것이다. 그러므로 차의 성분을 밝히는 자연과학적인 연구는 다도의 원동력이자 추진력이라 할 것이다. 그러기에 육우도 《다경》의 〈제5장 : 달이기〉에서 "차의 성품은 검소하며 … 마시매 쓰고 목구멍에서 단 것이 차다."라고 말하지 않았던가. 이것은 육우가 차에 들어 있는 카테킨 성분을 설명한 대목으로서, 후세 사람들이 만감후(滿

甘候)나 여감씨(餘甘氏), 불야후(不夜候)라고 하던 것이다.

옛 다서(茶書)에 나타난 차의 성질 중에는 현대의 과학으로 밝혀져야 할 것들이 많다. 이를테면《다경》의 〈제7장 : 옛일〉에서와 호거사(壺居士)의《식기(食忌)》에 "차를 오래 먹으면 신선이 되지만, 부추와 함께 먹으면 사람으로 하여금 몸을 무겁게 한다."라는 표현이 있는데 그 이유는 무엇일까?

또 명나라의 장원(張源)은《다록(茶錄)》의 〈향(香)〉조에서 "… 또 함향(含香), 누향(漏香), 부향(浮香), 문향(問香)도 있는데 이것 모두가 바르지 못한 냄새다."라고 하였는데, 지금 그 뜻을 아는 사람이 아무도 없는 것 같다. 마치 한방의 과학화처럼 다도에서도 과학화되어야 할 과제가 많은 것이다.

이러한 때에 동의대학교 식품영양학과 교수이자, 한국차학회 회장인 최성희 교수가 이 분야의 연구 성과를 정리하여 이 책을 펴낸 것은 시의적절한 쾌거일 뿐만 아니라, 이 분야를 배우려는 사람들의 지식 함양에 크게 기여할 것으로 믿는다.

저자인 최성희 교수는 동경에 있는 오차노미즈여자대학(お茶の水女子大學)에서 차의 향기에 관한 세계적인 석학인 야마니시 테이 교수로부터 배웠다. 내가 야마니시 교수를 처음 만난 것은 1996년 10월, 가케가와(掛川)에서 열린 〈차의 문화와 효능에 관한 국제 심포지엄〉에 참석했을 때였다. 당시 함께 참석했던 최성희 교수가 은사인 야마니시 교수와 담론하는 모습을 나는 지금도 기억하고 있다.

저자는 이 책에서 차에 입문하는 초심자도 쉽게 알 수 있는 내용을 설명하고 있으며, 심혈을 기울여 얻은 연구 성과인 차의 약리적인 효능까지를 언급하고 있다. 따라서 이 책은 초심자뿐만 아니라 전문가들에게도 좋은 지침서가 될 것으로 믿기에 꼭 한 번씩 읽기를 권장하는 바이다.

한국차학회 명예회장 김명배(金明培)

이 책을 만드는 데 도움을 주신 분들

사진 최정수(한국차학회)
   김학기(다경상사)
   강화수(실로암제다)
   홍소술(화개제다)
   강영숙(지리산제다)

도움말 태평양기술연구소

실험 시료 강화수(실로암제다)
   서양원(한국제다)
   하일남(동양다예)
   김승교(지산식품)
   백영근(대청)

앙케트 동의대학교 식품영양학과 학생들

차례

머리말   4
추천사   8

1부 차의 유래

차나무의 종류   18
차의 기원 및 전파   21
우리나라 차의 유래와 역사   29

2부 세계의 차 종류와 특징

중국의 차   38
일본의 차   49
세계의 홍차   54
세계 유명 홍차 브랜드   72
상품화된 유명 블렌딩 차   82

3부 차의 제조

역사 속의 차 제조	88
홍차의 제조	91
우롱차의 제조	98

4부 차의 성분

차의 맛 성분	104
차의 색깔 성분	108
차의 품질과 성분	111
홍차의 향기 성분	116
부분발효차의 향기 성분	121

5부 차를 다양하게 즐기는 방법

홍차·우롱차 마시는 방법	130
여러 가지 차 취향에 맞게 블렌딩하기	136

홍차 다양하게 즐기기	138
차 고르기	145
다구 고르기	148
차 보관하기	156

6부 세계의 차 풍습

나라마다 다른 차 문화	162
영국	164
중국	167
일본	170
대만	174
러시아	176
티베트	178
몽고	179
미얀마	180
태국	181
우크라이나공화국	182

터키	183
미국	185
베트남	186

7부 현대인을 위한 건강차

전통차 대용으로 인기 있는 차	190
둥굴레차	193
치커리차	197
선옥죽차	202
동규자차	205
감잎차	209

부록 차에 관해 무엇이든 물어보세요	213
맺음말 미래의 차 산업을 전망하면서	225

차 한잔 마시며 쉬어가는 곳

- 당나라 현종(玄宗)대의 다주론(茶酒論)   27
- 스리랑카의 홍차 산지   63
- 영국의 커피하우스에서 홍차를 선전하는 문구   75
- 보이차란?   85
- 홍차의 등급은 어떻게 매겨질까?   96
- 홍차에서 크리밍(Creaming) 현상이란?   110
- 홍차에 어울리는 것은 레몬인가, 밀크인가?   128
- 옥로차(玉露茶)와 옥록차(玉綠茶)   159

1부
차의 유래

차나무의 종류

차나무는 차나뭇과(科)의 식물로 작은 흰꽃을 피운다. 차나무의 학명은 카멜리아 시넨시스(*Camellia sinensis*)이다. 이 차나무의 어린 잎으로부터 맛과 향기와 색깔이 다른 녹차, 홍차, 우롱차 등이 만들어진다. 약차(藥茶)나 건강차 혹은 허브차 등도 차라고 불리기는 하지만, 일반적으로 차나무의 잎으로 만든 것만을 차라고 하고, 그 외의 것은 대용차(代用茶)라고 부른다.

차나무는 교배가 쉬워 자연 교배나 인위 교배로 육종한 무수한 종류가 있다. 한편 찻잎의 특징에 따라 녹차에 적합한 것과 홍차에 적합한 것, 그리고 우롱차에

차 꽃(최정수 제공)

적합한 것이 있다. 대체로 소엽종은 녹차를 만드는 데 쓰이고, 대엽종은 홍차, 중엽종은 우롱차 제조에 이용된다.

차나무의 분류

- 소엽종 – *var. sinensis forma bohea*(중국 소엽종)
  중국과 일본 등지에서 널리 재배되고 있으며, 우리나라 재래종이 이 계통이라고 한다.
  var. burmaensis(인도 소엽종)
  열대지방에서 자생한다.

- 대엽종 – *var. sinensis forma madrophylla*(중국 대엽종)
  중국 운남 지방에 자생한다.
  var. assamica(아삼종, 인도 대엽종)
  홍차용으로 재배된다.

차의 기원 및 전파

❀ 차의 기원

차의 기원에 관해서는 중국의 전설적인 왕인 신농씨(神農氏)가 기원전 2737년에 마셨다는 이야기가 있다. 또한 차가 72종류의 독을 해독할 수 있다는 고사가 전해온다. 기원전 1066년경에는 차를 중국 황제에게 공물로 바쳤다는 기록이 있으며, 기원전 59년에 쓰여진 글에는 차를 사고 판 기록이 있다.

기원전 2세기에는 차를 만드는 법과 마시는 법을 가르치는 학교가 세워졌으며, 차를 무덤에 묻는 풍습도 있

차 싹

차 열매(최정수 제공)

었다. 또 전쟁 중에 많은 사람이 이동함으로써 차가 보다 넓은 지역으로 전파되었다. 기원전 3세기에는 차를 마시는 풍습이 중국의 북서쪽과 몽고에 소개되었다.

차는 처음에 의약이나 보건 음료로 이용되었지만 남북조시대(420~589년)에는 기호음료가 되었다. 당나라(618~907년) 때에는 차가 귀족이나 승려들로부터 일반인들에게 널리 퍼져 상인들의 기본적인 상품이 되었으며, 불교가 전파되면서 더 많은 사람이 차를 이용하게 되었다. 이때에는 황실에서 칙령으로 술 대신 차를 이용하도록 하였다.

그 결과 남쪽 지방에서 주로 이용되던 차는 중국 전역으로 퍼지면서 가장 중요한 상품이 되었다. 이처럼 차가 민간에도 퍼지고 마시는 법도 다양하게 연구되면서 당나라 때의 유명한 다성(茶聖)인 육우(陸羽)는 《다경(茶經)》(760년)이라는 책을 펴내었다. 육우는 이 책에서 당시의 차 산지, 차의 기원, 품종, 문화, 가공, 차의 저장, 마시는 풍습, 차나무의 환경 등을 서술했고, 차 마시는 미덕을 격찬하였다.

송나라(960~1279년) 때에는 차를 기르는 것이 동남쪽으로 확장되었고, 백성들은 곡식과 돈 대신에 차를 공물로 바쳤다. 이때까지도 차는 고급품이었기 때문에 특권층에 속하지 못하는 일반인들은 차에 생강이나 감초 등을 넣은 잡차를 마셨다.

명나라(1368~1644년) 때에는 차의 불법 거래에 엄한 법이 적용되었다. 차의 형태는 고형차에서 잎차로 바뀌었으며, 일반인이 주로 이용하던 잡차가 저급하다고 해서 재스민(jasmine)을 넣은 꽃차가 등장했다. 명나라 이후 차는 중국의 국가적인 음료가 되었으며, 사실상 연료 · 쌀 · 기름 및 소금과 더불어 생활 필수품이 되었다.

청나라(17~20세기) 때에는 차가 일상생활에 없어서는 안 되는 식품으로 자리 잡았다. 맛보다는 향기가 높게 평가되어 꽃차에 인기가 모아지고, 우롱차의 기원이 된 무이차(武夷茶)가 주목받았다. 그 후 차는 세계 각국으로 전파되었다.

차의 전파

차의 원산지는 아시아 남부의 아열대 지방이라고 전해지고 있다. 차는 처음 중국에서 마시기 시작했는데, 육로와 해로를 통해 그 주변으로 차차 전파되어 지금은 러시아·아프리카·남미·호주에까지 퍼졌으며, 생산국도 40개국 이상이 된다.

차나무는 아열대성 식물이다. 따라서 따뜻하고 강우량이 많은 곳에서 기르기에 적합하다. 세계적으로 재배 지역은 꽤 넓게 퍼져 있는데, 러시아의 북위 45° 부근에서부터 아프리카의 남위 30° 사이에 걸쳐 있다. 표고로 보면 해발 2,000m의 고지대에서까지 재배되고 있으며, 전체 차 생산량의 약 83%가 아시아 지역에서 생산되고 있다. 면적으로 보면 중국, 인도, 스리랑카, 인도네시아, 러시아, 케냐 등의 순서이고 생산량으로 보면 인도, 중국, 케냐, 스리랑카, 인도네시아의 순서이다. 세계에서 생산되는 차의 약 75%는 홍차이다.

차는 언제 어디로 전파되었나

(기원전) 2737년 찻잎에 해독작용 성분이 있는 것을 발견
(기원후) 220년 베트남, 미얀마, 라오스, 태국에 차 전파(시작)
661년 신라 문무왕이 제사에 차를 올림(《삼국사기》)
805년 일본에 차 재배가 도입됨
828년 우리나라에 차 재배가 도입됨
1610년 유럽에 차가 수출됨
1628년 러시아에 차가 수출됨
1637년 영국에 차가 수출됨
1648년 인도네시아에 차가 수출됨
1650년 미국에 차가 수출됨
1684년 인도네시아에 차 전파(당시 네덜란드 식민지)
1780년 인도에 차 전파(당시 영국 식민지)
1833년 러시아에 전파
1850년 동남아프리카에 전파
1867년 스리랑카에 전파(당시 영국 식민지)
1875년 말레이시아에 전파
1900년 이란에 전파
1903년 케냐에 전파
1924년 터키, 아르헨티나에 전파
1990년 오스트레일리아에 전파

당나라 현종(玄宗)대의 다주론(茶酒論)

차(茶) 나는 명승(名僧)의 설교에 힘을 더해주고, 부처님의 공물로 쓰인다. 너는 가정을 파괴하고, 사음(邪淫)을 돋우는 요인이 된다.

술(酒) 한 동이 삼문(三文)으로서 부귀라 할 수 없다. 술은 귀인 고관들이 마시는 것이며, 차로서는 노래가 나오지 않고 춤도 나오지 않는다.

차(茶) 내가 시장에 나가면 사람들이 다투어 사들이니 돈이 산더미처럼 쌓인다. 네가 거리에 나가보아라. 혀가 꼬부라져 귀찮고 성가시게 구는 사람들이 거리에 가득하다.

술(酒) 고인(古人)은 나를 칭찬하여 말하기를 술 한 잔은 건강의 근원이고, 기분전환의 약이며, 인물을 만든다고 하였다. 술은 예의를 지배하는 것이며, 궁중의 음악은 술에서 생겼다. 차는 아무리 마셔도 관현(管絃)의 가락과는 관계가 없다.

차(茶) "남자 14~15세면 술자리에 가까이 가지 마라."고 하고 있다. 차를 마시고 행패 부리는 사람은 없다. 향불을 피우고 금주(禁酒)를 빌기도 한다.

물(水) 뭐 그렇게 핏대를 올리고 싸우고 있나. 차군(茶君), 내가 없으면 너의 형태가 없다. 주군(酒君), 내가 없으면 너의 모습도 없다. 쌀과 누룩만을 먹으면 바로 배가 아파지고, 찻잎을 그대로 먹으면 목을 해친다. … 지금부터는 이것을 계기로 사이좋게 지내도록 하라.

※ 자료 : 《한국식품문화사》, 이성우, 1991

우리나라 차의 유래와 역사

 우리나라에는 언제 차가 들어왔을까? 차의 유래와 관련하여 자생설, 수로왕비 전래설, 대렴(大廉) 전래설 등이 전해지는데, 이중 국내외에서 널리 알려진 설은 대렴 전래설이다. 《삼국사기》에 의하면 828년(신라 흥덕왕 3)에 당나라에 사신으로 갔던 대렴이 당의 문종황제로부터 차를 대접받고, 귀국 길에 차 종자를 가지고 와서 왕께 드렸더니 지리산에 심으라고 했다는 기록이 있다.

 그러나 우리나라에 차나무가 전래되기 이전에도 차를 마셨다는 기록은 많다. 진흥왕(540~576년) 때 화랑들이 차를 마신 흔적이 있으며, 선덕여왕(632~647년) 때도 차를 마신 기록이 있다. 또 경덕왕(742~765년)과 충담사의 차에 얽힌 이야기 등으로 미루어 보아, 신라인들이 차를 매우 즐겼다는 것을 알 수 있다. 신라시대에 차를 즐긴 사람은 주로 화랑과 승려 등이었고, 문장가 중에는 최치원이 있었다. 쌍계사에는 최치원이 교지(敎旨)를 받들어 지었다는 진감선사 대공탑비(국보 47호)가 있는데, 여기에 차에 관한 글이 적혀 있다.

고려시대에 들어서는 불교문화와 더불어 차 생활(茶生活)이 더욱 발전했으며, 차를 바치는 다소(茶所)까지 두었다. 궁중의 연중 행사인 연등회와 팔관회에서 궁중 다례가 행해졌으며, 이규보·정몽주·이인로 등의 문장가들이 차를 즐겼다.

조선시대에는 유교가 도입됨에 따라 차 문화가 쇠퇴했으나 궁중 의례의 일부에서, 그리고 사원의 일각에서 또는 선비들에 의해 그 맥이 이어졌다. 우리나라의 다성(茶聖)이라고 일컬어지는 초의선사(장의순, 1786~1866년)

초의선사가 쓴 《다신전》의 내용

- 화후법(火候法) : 불을 다루는 법
- 탕용노눈(湯用老嫩) : 탕과 쇠어버린 눈잎
- 점염실진(點染失眞) : 잡것이 섞이면 진을 잃는다
- 차변불가용(茶變不可用) : 변질된 차는 쓰지 마라
- 정수불의차(井水不宜茶) : 우물물은 차에 좋지 않다
- 저수(貯水) : 물을 받아 놓는 것
- 찻잔(茶盞) : 차를 마실 때 쓰는 잔
- 탕변(湯辨) : 탕을 식별하는 일
- 차위(茶衛) : 차의 위생 관리 등
- 변차(辨茶) : 차를 식별하는 일
- 장차(藏茶) : 차를 저장하는 일
- 품천(品泉) : 물의 품정
- 재차(採茶) : 찻잎을 따는 일
- 조차(造茶) : 차를 만드는 일
- 차구(茶具) : 차 끓이는 용기
- 식잔포(拭盞布) : 찻잔 행주
- 포법(泡法) : 차를 끓이는 법
- 투차(投茶) : 차를 넣는 법
- 음차(飮茶) : 차를 마시는 일
- 차의 향기(香氣)
- 차의 색(色)
- 차의 맛(味)

※ 자료 : 《한국차문화학》, 정상구, 1995

는 강진에서 귀양살이를 하는 정약용과도 교류했으며, 두륜산에 일지암을 짓고 차 생활을 하였다. 초의선사는 순조 28년(1830)에 지리산 화개동의 칠불암에서 《다신전(茶神傳)》을 저술하였다. 이 책은 중국의 《만보전서(萬寶全書)》에서 차에 관한 부분만 발췌한 것으로 22개의 절목으로 구성되어 있으며, 그 내용은 앞쪽의 표와 같다.

그 후 초의선사는 정조의 부마 홍현주로부터 차에 관한 물음을 받고는 일지암에서 〈동다송(東茶頌)〉(1837년)을 지었는데, 이는 우리나라의 차를 칭송한 칠언절구(七言絕句)의 시구(詩句)로 모두 31송으로 되어 있다. 여기서 동다(東茶)란 동국차(東國茶), 곧 우리나라의 토산차(土産茶)를 말한다.

그 내용은 앞서 지은 《다신전》을 요약하면서 차의 효능을 구체적으로 예시하고, 차의 원산지인 중국의 어떤 좋은 차보다도 우리나라의 차가 맛·색·향·효능 면에서 떨어지지 않는다는 것이다. 또 그 효능이 빨라서 차를 마시면 늙은이는 젊게 되며, 80세 노인의 얼굴이

고운 복숭앗빛으로 변한다고 적혀 있다.

조선시대 차 문화사에서 빠뜨릴 수 없는 사람은 초의 선사와 더불어, 그 호를 다산(茶山)으로까지 한 정약용(1762~1836년)과 추사(秋史) 김정희(1786~1856년)이다. 정약용이 18년 동안 유배 생활을 한 강진의 뒷산에는 야생 차나무가 있었는데, 이에 정약용은 그 산 이름을 다산(茶山)이라 하고, 다산초당(茶山草堂)을 지어 야생 차나무를 손질하고 차를 끓여 마시며 차 생활을 즐겼다. 18년 동안의 유배 생활이 끝나고, 여덟 제자들이 모여 조직한 것이 유명한 다신계(茶信契)이다. 정약용은 차를 마실 줄 모르는 민족은 망한다는 말을 남겼다.

추사 김정희는 24세 때 청나라 연경에 가서 석학 완원(阮元)과 승설차(勝雪茶)를 마시면서 인연을 맺었다. 그가 차를 얼마나 중요시했는가는 승설학인(勝雪學人), 고다노인(苦茶老人), 다반향초(茶半香初) 등 차와 관계되는 호를 즐겼다고 하는 것만 보아도 알 수 있다. 완당(阮堂)이라는 호는 같이 차를 마셨던 완원의 이름에서 따온 것이라

제주 서광농장 차 묘목 식재 작업(자료 : 《설록차지》 2000)

한다. 김정희는 정약용, 초의선사와 차를 매개로 친하게 되었다. 매년 봄이면 초의선사는 차를 김정희에게 보냈고, 초의선사의 차 맛에 매료된 그는 차가 떨어지면 빨리 차를 보내라는 독촉 편지를 어김없이 보냈다고 한다.

일제시대에는 일본인들이 광주 무등산의 다원을 인수하여 차를 제조하였다. 해방 후 허백련은 무등다원을 정부로부터 불하받아 삼애다원이라 하고 춘설차(春雪茶)를 제조하였다. 1969년에는 정부가 전라남도 지역에 농특

사업으로 다원을 조성하였다. 1978년 이후 (주)아모레퍼시픽의 계열회사인 장원산업에서 제주도와 전라남도 지역에 다원을 조성하고 신품종(주로 야부키타)을 재배하여 현대식 제차(製茶) 기계로 좋은 차를 생산하고 있다.

의제(毅齋) 허백련이 타계한 후 대한다업·한국제다 등의 차 제조공장이 들어섰으며, 그 외 전라남도의 일부 지역과 경상남도 하동의 일부 지역에서도 차가 재배되기 시작했다. 재래종 찻잎을 이용하여 전통 방식에 의한 차 제조 방법으로 전통 녹차를 생산하는 곳도 있다. 현재 전라남도 보성에 국립 차시험장이 세워져 우리나라 차 산업의 발전과 보급에 힘쓰고 있다.

2부
세계의 차 종류와 특징

중국의 차

차는 중국에서 시작되었다. 따라서 중국의 차는 몇천 년의 역사를 가지고 있으며, 종류 또한 천여 종이나 된다고 한다. 그러한 가운데 많은 명차들이 만들어져 왔다.

중국의 차 생산지는 서남, 화남, 강남, 강북지구의 4개로 구분되며, 대만도 제2의 중국차 산지라고 말해도 좋을 정도로 명차를 생산하고 있다. 용정차(龍井茶), 벽란춘차(碧螺春茶), 백호은침차(白毫銀針茶), 무이암차(武夷岩茶), 철관음차(鐵觀音茶), 우롱차(烏龍茶), 기문홍차(祁

門紅茶), 운남 보이차(雲南 普洱茶)를 중국의 8대 명차라고 한다.

각 생산지별로 차의 특징과 대표적인 명차를 살펴보면 다음과 같다.

• 강북지구 : 안휘성, 강소성, 하남성은 중국의 차 생산지 중 가장 북쪽에 위치하기 때문에 기온이 낮고 냉해를 받기 쉬운 곳이다. 강소성의 소주(蘇州) 벽란춘차(碧螺春茶)가 유명하며, 안휘성의 기문홍차는 세계 3대 홍차로 알려져 있다.

• 화남지구 : 복건성, 광동성, 광서성 등 중국 남단의 생산지로서 청차(淸茶), 녹차, 홍차, 백차(白茶)가 생산되고 있다. 특히 복건성과 광서성은 청차(우롱차)의 생산지로 유명하다.

• 강남지구 : 강서성, 호남성, 호북성, 절강성 등 중국에서 차 생산량이 가장 많은 지역이다. 주로 홍차와 녹차를 생산하고 있다. 비교적 강우량이 많고 기후도 온화하

다. 절강성의 용정차와 주차(珠茶, 진주와 같이 둥글게 말린 모양을 하고 있는 차)가 이름난 명차다.

• 서남지구 : 운남성, 귀주성, 사천성에서 차가 난다. 주로 홍차, 녹차, 흑차가 생산되고 있다. 비교적 강우량과 기온이 안정되어 있으며, 차나무의 기원이 되는 곳이라고 전해진다.

• 대만 : 품질이 좋은 차의 산지로 알려져 있다. 특히 청차(우롱차)의 생산으로 유명하다. 이름 있는 차로는 백호(白毫) 우롱차, 동정(凍頂) 우롱차, 문산(文山) 포종차 등이 있다.

중국차의 기본 형태로 6대 다류가 있다. 즉 녹차, 황차, 흑차, 백차, 청차(우롱차), 홍차가 그것이다. 이와 같이 색깔별로 나누는 것은 제조 공정의 차이에 의한 것이다. 공정 하나하나의 차이가 향과 맛을 다르게 한다. 이렇게 분류된 차는 제법상의 조그마한 차이나 산지별로 다시 재분류된다.

그러나 중국차 역시 발효 정도에 따라 크게 불발효차와 발효차 두 가지로 나누기도 한다. 녹차, 황차, 흑차는 불발효차라고 하고 백차, 청차, 홍차는 발효차라 하나 엄밀히 따져서 흑차는 후발효차이고 청차는 부분발효차이다. 녹차는 덖음차(炒茶), 증제차(蒸製茶), 착향(着香), 증압(蒸壓)의 네 종류가 있다.

덖음차의 대표적인 것으로는 용정차(龍井茶)가 있다. 용정차는 절강성의 항주 서호(西湖)에서 생산되는 차로, 이 지역은 양질의 차가 생산될 수 있는 환경조건을 갖춘 곳이다. 용정차를 제조하는 공정에서 특이한 것은 솥 안에서 덖을 때 비교적 낮은 온도에서 덖으며, 손으로 누르면서 덖는 것이다. 용정차는 차의 모양이 평평하며, 차액색은 황금색이고 산뜻한 맛과 독특한 꽃향을 가지고 있다.

증제차는 중국에서 거의 볼 수 없으나 광서 지방에서 소량 만들어져 파파차(巴巴茶)라 불린다. 착향은 꽃차로 불리는데 향기가 높지만 값은 비교적 싸다. 재스민차는 북경을 중심으로 하는 지역에서 많이 애호되고 있다.

◉ 황차

　황차는 살청(殺靑, 열을 가하여 효소의 산화작용을 억제시키는 일) 후 실내의 마루에 퇴적하여 민황(悶黃, 가볍게 숙성을 촉진시키는 일) 공정을 거쳐 만들어진다. 그래서 카페인도 많이 줄어들고 녹차에 없는 독특한 향기가 나며 차가 많이 우러나온다.
　황차를 대표하는 것이 사천성의 몽정황아(蒙頂黃芽), 호남성의 군산은침(群山銀針) 등이다. 사천성의 몽정황아는 몽산산맥에서 생산되는 것으로 어린 싹만으로 만든 것이다. 군산은침은 호남성의 동정호(洞庭湖) 부근에 있는 군산에서 생산된다. 차의 어린 싹을 따서 솥에서 열처리를 한 뒤 건조시키고 수분 함량이 50~60% 정도일 때 종이로 싼 뒤 상자에 넣어 2일 동안 저장하면 차의 색이 등황색을 띤다. 이것을 하룻동안 다시 퇴적시켰다가 건조시킨다. 차의 색은 황금색이지만 흰 솜털(백호)에 둘러싸여 직선 모양을 하며 차액색은 등황색이다. 온화한 감미가 있고 물을 따르면 찻잎이 수직으로 서는데, 중국 사람들은 잎의 선단에 생긴 기포가 작은 새가 진주를 문 것처럼 보인다고 표현하였다.

흑차

흑차는 녹차의 반제품인 모차(毛茶, 조제차(粗製茶) 또는 초제차(初製茶)라고도 함)를 2차 가공한 전형적인 후발효차이다. 흑차는 유념 후 마루 위에서 퇴적하고 차의 색이 흑색으로 변할 때까지 충분하게 숙성시킨다. 퇴적 중에 누룩곰팡이가 번식한다. 그렇기 때문에 흑차는 떫은맛이 적고 약간의 곰팡이 냄새가 난다.

흑차의 대부분은 출하와 보존에 편리하도록 긴압차

(緊壓茶)류인 정형차(定型茶)와 병차(餠茶) 등으로 재가공되기도 한다. 정형차는 필요한 만큼을 잘라 삶아서 나오는 차액을 마시는 것이 보통이지만 밀크를 섞어 마시는 경우도 있다.

흑차 중 유명한 것으로 보이차가 있는데 운남성의 보이가 차의 집산지여서 붙여진 이름이다. 보이차는 특히 차의 숙성에 사용한 곰팡이가 몸속의 지방을 분해한다고 하여 일본인들에게 살찌지 않는 건강 차로 알려져 있으며, 우리나라에서도 판매되고 있다.

보이병차(普洱餠茶, 團茶)는 운남성의 경동과 경곡 및 그 외의 남부지방에서 생산되는데, 이곳은 최고급의 차를 생산할 수 있는 환경을 가지고 있다. 차의 향이 수 킬로미터를 덮으며, 맛은 농후하고 자극적이라고 한다.

보이차와 보이병차의 차액색은 적갈색이고 떫은맛은 적으며, 주로 흙 냄새와 곰팡이 냄새가 나지만 어떤 것은 과일 향을 띤다고 한다.

백차

　백차는 중국 복건성의 특산차로 1천 년 이상의 역사를 가지고 있다. 부분발효차 중에서 가장 가볍게 발효를 시킨 것으로 가공 공정도 간단하여, 유념시키지 않고 건조시킨다. 백차는 중국차 생산량의 0.1%에도 미치지 않는 적은 양을 차지하지만 중국인들이 고혈압에 좋다고 하여 즐겨 마시는 차이다.

　백차에는 딸 때 솜털이 둘러싸인 차 싹만을 딴 싹차(銀針)와 잎이 약간 열린 싹을 딴 찻잎(白牧丹)의 두 가지가 있다. 지역의 이름을 붙여 싹차는 정화은침(政和銀針), 백림은침(白琳銀針)이라 하고 찻잎은 건조한 목단꽃잎 같은 모양을 가지므로 정화 백모단(白牧丹), 수길 백모단이라 한다. 백호차(白毫茶)는 산지명을 붙이지 않은 백차의 일반적인 이름이다.

　백차 중에는 수미(壽眉)와 공미(貢眉) 등도 있는데, 미(眉)는 눈썹 모양이라는 뜻이다. 수미는 북송시대에 황실에 공물로 바쳐진 것으로 역사가 깊으며, 1876년 영국의 버밍엄 차회사에서 블렌딩하여 흰 눈썹이라는 뜻의 소우 메이(Sow Mei)라는 제품으로 생산하여 '차의 예술(the art of tea)'이라는 격찬을 받았다.

백차의 차액색은 담황색으로 매우 산뜻한 단맛을 가지며 신선한 향이 오래 지속된다. 물을 부으면 뾰족한 차의 싹이 물의 표면을 향해서 하나씩 섰다가 가라앉기를 몇 번씩 반복한다.

◎ 청차

청차는 일반적으로 우롱차(烏龍茶)로 알려져 있다. 차의 모습이 까마귀와 같이 검고 용과 같이 구부러져 있다 하여 붙여진 이름이라고 한다. 한편 산지의 명칭에서, 혹은 품종에서, 혹은 전설에서 퍼뜨린 사람의 아호에서 따왔다는 설도 있다. 발효 도중에 살청하므로 부분발효차라고도 한다.

　녹차는 바로 열을 가해 효소의 활성을 없애지만 부분 발효차는 잎을 그대로 통풍이 좋은 곳에 펴서 햇볕에 쬐면서 상하로 뒤적인다. 이것을 일광위조라 한다. 그 다음 실내에서도 한 번 더 위조를 행한다. 향기는 위조 공정에서 거의 형성되며 녹차와는 전혀 다른 향기를 낸다. 솥에 덖을 때도 효소의 활성을 완전히 없애지는 않고 덖음과 유념을 반복하여 발효를 진행시킨다. 그 후 불을 더 가해 남아 있는 효소의 활성을 고온으로 완전히 없애 풀냄새를 없애고 떫은맛을 감소시킨다. 마지막 건조에 의해 수분 함량을 4% 이하로 한다.

　발효를 충분히 시킨 것을 우롱차(50~55% 발효)라 하며, 그 중간의 것을 철관음차(25~30% 발효)라 한다. 복건성 남부의 청차, 대만청차, 광동청차가 유명하다. 철관음차는 열을 강하게 가하였으므로 떫은맛이나 쓴맛이 적고 열탕에 오래 두어도 맛이 떨어지지 않고 오히려 부드러운 맛이 우러나온다. 차액색이 진하게 우러나오는 것이 특징이다.

우롱차는 향기가 매우 좋고 알칼리도가 강하며 이뇨와 해독 작용이 있다. 지방분이 많은 중국요리를 먹을 때 적합하다. 단, 자기 전의 공복에 마시면 위에 부담을 준다. 포종차는 독특하고 우아한 꽃향기를 내는데, 그것은 위조 공정 동안에 재스민꽃 정유가 갖는 특유한 향의 하나인 재스민 락톤이라는 물질이 형성되기 때문이다.

중국인들이 300여 년 전에 고급 포종차의 향기 중에 재스민향을 느껴, 재스민꽃을 하급 포종차의 개량에 이용해 재스민차를 만들어낸 것은 매우 현명한 일이라 할 수 있다.

일본의 차

일본의 대표적인 차는 녹차이다. 일본의 녹차도 산지, 재배법, 따는 시기, 만드는 법에 따라 여러 가지 종류가 있다. 녹차는 잎을 증기로 찌거나 가마솥에 넣고 덖어서 잎에 포함되어 있는 효소의 산화작용을 억제시켜 차 고유의 녹색을 지니도록 만든 것이다. 일본에 처음 녹차가 들어왔을 때는 중국식으로 가마솥에 덖는 방법을 사용했으나, 1730년 이후로는 찻잎을 증기로 찌는 일본만의 독특한 방법이 개발되었다. 최근 차 산지에서는 기계를 조작하는 일까지도 컴퓨터 시스템으로 할 정도로 제조

병차 및 단차와 다구

공정이 잘 발달되어 있다.

향긋한 향을 즐기는 전차(煎茶)는 5월에 따는 햇차와 6월에 따는 2번차를 증기로 찐 다음 비벼서 말린 것이다. 일본에서 마시는 차의 대부분은 전차이다. 옥로(玉露)는 외관상 전차와 닮았지만 재배법이 다르다. 옥로는 찻잎을 따기 약 2주일 전부터 볏짚이나 거적 등으로 볕가리개를 씌워서 직사광선을 받지 않고 자란 부드러운 찻잎을 따서 만든 것이다.

연차는 옥로와 마찬가지로 찻잎을 따기 전에 볕가리개를 씌워 그늘에서 자란 어린 순을 따서 찐 다음, 비비지 않고 잎을 편 채 건조시켜 만든 차다. 보통 가루차(抹茶)를 만드는 데 이용한다. 한편 차 싹이 나와 자라는 2주일 동안 볏짚이나 거적, 화학섬유 등을 덮어 직사광선이 쪼이지 않게 해주면 옥로차에 가까운 맛과 향기를 내는 차가 된다. 하지만 이것 자체를 차로 쓰기보다는 고급 전차나 옥로차의 맛을 돋우기 위한 재료로 쓴다.

옥로나 연차와 같은 볕가리개차의 특성은 햇볕을 차단함으로써 광합성이 억제되어 찻잎의 성분 변화가 일어나는 데 있다. 즉 타닌인 카테킨이 감소하고 아미노산류가 증가됨에 따라 차의 떫은맛이 감소되고 단맛과 감칠맛이 증가하게 된다.

말차는 연차를 절구에 갈아서 미쇄 분말로 만든 것으로 차로도 마시지만 과자나 음료수의 재료로 사용하기도 한다. 전차보다 역사도 깊고 일본의 다도에 이용되는 차이기도 하다. 번차(番茶)는 찻잎이 뻣뻣해지기 시작할 때(3번차가 많다) 따서 만든 것으로 유념과 조유 공정을 거쳐 찻잎이 평평한 모양을 하고 있다.

호우지차(焙じ茶)는 번차(햇차에 비교해 여름차를 번차라고 함) 혹은 선별된 대형의 전차를 강한 불에 덖어서 태운 향이 가미된 차이며 비교적 값이 싸다. 차액의 색깔은 진한 맥주색이고 독특한 향기가 있다. 보통의 전차보다 카페인이나 타닌의 성분이 적어 관동 지방에서는 식후에 마시는 차로 이용한다. 일본요리, 특히 초밥을 먹을 때 이 차를 마시는데, 그것은 차의 타닌이 혀 위의 기름기를 제거하고 피로를 풀어주어 음식 맛을 잘 느끼게 해주기 때문이다.

그래서 초밥의 경우 재료가 바뀔 때마다 호우지차를 마시면 다음 재료의 맛을 잘 알 수 있다. 아미노산류가 많은 전차나 옥로는 단맛이 있기 때문에 오히려 초밥의 맛을 민감하게 즐기는 데 방해가 된다.

또 일본에서 증제차가 생기기 이전에 도입된 중국식 방식으로 만든 가마덖음차(釜炒り茶)가 일부 남아 있는

데, 규슈의 우레시노차(嬉野茶)와 아오야나기차(靑柳茶)가 그것이다. 우레시노차는 솥을 40~50도로 기울여 덖는데 잎의 투입량이 많다. 제품화된 차는 둥근 모양으로 색깔은 황록색이다. 아오야나기차는 솥을 수평으로 하여 잎의 투입량을 적게 하고 덖는 정도를 빨리 진행한다. 제품의 형은 조금 퍼진 모양이고 색깔은 청록색을 띤다. 우레시노차는 차액색이 진한 황색인 데 비해 아오야나기차는 약간 청색을 띤다. 최근 일본에서는 이러한 전통 녹차의 제조도 대부분 기계화되었다.

줄기차(莖茶)는 옥로나 연차에서 줄기나 잎맥 부분을 선별하여 만든 것이다. 또 볕가리개차를 따고 난 후 어린 줄기를 잘라 모아 제조한 것도 있다. 시판되는 양은 적으나 고급 전차 정도의 맛과 향기를 지니고 있다. 가루차(粉茶)는 전차를 선별할 때 나오는 가루를 모은 것으로 주로 티백으로 사용된다. 현미차는 하급 전차, 번차, 호우지차에 현미를 섞은 것으로 현미의 고소한 향이 첨가되어 차의 맛이 독특하다.

세계의 홍차

홍차의 역사는 확실하지 않지만 일설로는 영국 사람들이 중국에서 녹차를 사서 운송하던 중 인도양의 더위와 습기로 인해 자연 발효된 것이 시작이라고 한다. 또한 1600년대 초에 네덜란드 사람들이 중국차를 유럽에 전파시켰다는 설도 있다. 그때의 차로는 우롱차에 해당하는 부분발효차와 녹차가 있었는데, 부분발효차는 런던의 커피하우스에서 대환영을 받았다. 그래서 상인들이 영국인의 기호에 맞도록 차 생산자에게 완전 발효차를 만들어달라고 부탁한 것이 홍차의 시작이라고도 한다.

녹차와 부분발효차 이외에 홍차가 새롭게 생겨난 때

는 1650년경이다. 홍차는 영국인들의 생활 속에 파고들었으며, 점차 세계적인 음료로 보급되었다. 현재 세계적으로 생산되는 차 가운데 75%는 홍차가 차지하고 있을 만큼 많이 소비되고 있다.

❀ 인도

 인도는 홍차 생산량이 가장 많은 나라다. 오늘날 인도가 차 생산국으로 변모하게 된 것은 영국 때문이라고 해도 과언이 아니다. 영국은 증가하는 자국의 차 수요를 네덜란드에 독점시키지 않고 1680년경에 영국 동인도회사로부터 차의 수입을 시작했고, 1720년경에는 홍차 수입을 독점하였다. 그 당시 런던의 명물인 커피하우스에서 커피, 코코아, 홍차가 만났으나 결국 홍차가 영국인의 기호에 잘 맞아 영국인의 음료가 되었다. 19세기에 들어와서 영국은 인도의 아삼 지방에서 차 재배를 시작하였다. 그 결과 1875년에는 인도산 홍차만으로 영국의 수요를 충족시켰다.

아삼(Assam)

1830년대에 인도에서 최초로 다원(茶園) 개발에 성공한 곳이다. 인도의 북부 지방에 위치하며 해발 800m 되는 고지대에 있는 다원으로, 인도차의 절반 이상을 생산하는 세계 제1의 차 산지이다. 아삼 지방에서는 자생종으로 조성한 차밭에서 좋은 성과를 거두었다. 6월의 차가 최고급이고 고운 적갈색을 띤다.

이 지방에서 생산되는 차는 뜨거운 물을 넣으면 침출이 매우 빠르다. 차액색은 적색으로 중후한 맛이 뛰어나며 부드러운 장미 향기가 있다. 강한 맛이 특징이므로 블렌드용으로 적합하며, 티백의 수요도 높고 밀크티에 잘 어울린다.

다르질링(Darjeeling)

북인도 히말라야 산맥의 2,300m 고지대에 있는 다원이다. 이 지역은 밤낮의 기온차가 심한데, 그 때문에 발생하는 안개와 공기로 인해 독특한 맛과 향기를 내는 홍차가 생산된다. 표고가 높고 기온이 낮은 지역에서는 아삼종보다는 중국종 혹은 중국종과의 교배종이 재배에 알맞다고 판명되었다. 독특한 향기가 있는 다르질링차는 스리랑카의 우바차, 중국 안휘성의 기문홍차와 더불어 세계 3대 홍차로 알려져 있다.

수확되는 시기에 따라 맛과 향기가 크게 달라진다. 보통 3월부터 11월까지가 수확기이지만, 3~4월의 첫물차(first flash)는 신선한 향미가 특징이고 차액색은 엷은 오렌지색으로 빛깔이 특히 고우며, 백포도주의 향기를 가지므로 '홍차의 샴페인'이라 불린다. 또 6~7월에 생산되는 두물차(second flash)는 맛과 향이 뛰어나 최고급 품질에 속하며, 숙성된 머스캣(향기로운 엷은 빛깔의 유럽 원산 포도)과 닮은 독특한 향기를 가진다. 차액은 첫물차보다 진한 적색을 띠는 오렌지색이다. 큰 찻잎이 많기 때문에 향을 살리기 위해 차액을 우려내는 데 시간을 충분히(4~5분) 준다. 우기인 10월 이후에 수확한 차(autumnal)는 맛과 색은 진하나 향이 약하다.

닐기리(Nilgiri)

남인도를 남북으로 달리는 산맥의 고원에 위치한 다원으로 '블루 마운틴(blue mountain)'이라고도 불린다. 기후나 풍토가 스리랑카와 매우 닮아 스리랑카 홍차와 유사한 차가 생산된다고 한다. 이 지역에서 차를 생산한 역사가 짧고 차나무도 어리지만 장래성은 큰 곳이다. 1월에 생산되는 차가 최고급품이다. 차액색은 선홍색으로 밝고 아름다우며, 비교적 강한 맛과 특이한 향을 가지고 있다. 품질에 비해 가격이 싸므로 블렌드용으로 많이 사용된다.

🏵 스리랑카

스리랑카는 영국의 식민지일 때 실론(Ceylon)이라는 이름으로 불렸다. 영국의 식민지였던 1800년대 초에는 커피 재배가 성행했으나, 1860년경 커피나무가 병으로 모두 죽은 다음에 영국인들이 다원을 만드는 데 성공하여 세계적인 차 산지가 되었다.

스리랑카는 중앙에 남북으로 달리는 산맥이 있어 동쪽은 우바차 구역, 서쪽은 딤불라차 구역으로 갈라진다. 세계적으로 많은 양의 차를 생산하고 있으며, 품질면에서도 실론티라고 하면 '품질이 좋은 차'의 동의어로 사용될 정도이다.

우바(Uba)

스리랑카 남동부의 하이랜드라고 하는 표고 2,000m의 산악 다원 지대이다. 여기서 생산되는 차는 세계 3대 명차의 하나로 손꼽히는데, 그 중에서도 7월의 차

스리랑카의 우바 다원

스리랑카의 딤불라 다원

가 최고이며, 8월 중순까지 향기가 가장 고조되는 시기이다. 이 시기를 딤블라차 구역의 1월과 함께 향기의 계절(flavory season)이라 하는데, 차밭 주변에 충만한 찻잎의 향기가 매우 상쾌하고 우아하다. 우바 향기(uba flavor)가 나는 생산 기간이 한정되어 있기 때문에 생산량이 적어 희소가치가 있다.

황금색의 싹을 많이 포함하여 차를 우렸을 때 컵 가장자리에 금환(금색의 고리)이 빛나면 명품에 속한다. 금환은 코로나(corona)라고도 하는데, 금환이 생기는 것은 홍찻잎 자체가 가지고 있는 황색 플라본 색소와 제조 중에 타닌의 산화에 의하여 생긴 적색 색소의 조화가 좋다는 것을 의미한다.

황색계의 색소는 컵 가장자리 부분에 나타나고 적색 색소는 차액의 깊은 부분에 나타난다. 또한 금환을 나타내는 차는 타닌과 플라본 색소가 많은 양질의 잎을 원재료를 사용해 만든 고급 차라는 증거가 된다. 우바차는 약간 떫은맛이 나지만 좋은 맛을 가지며 특유의 강한 장미 향기가 있고 밀크티에 잘 어울린다.

딤불라(Dimbula)

우바 하이랜드와 반대측인 남서부에 널려 있는 고지대 다원이다. 1월 말에서 2월에 생산되는 차가 최고급이다. 여기서 생산되는 홍차는 차액색이 밝고 깨끗한 홍색이며, 약간 떫으나 맛이 좋으며, 남국 특유의 달콤한 꽃향기가 있지만 우바차보다 부드럽다. 밀크와 레몬에 모두 잘 어울린다. 서쪽 구역에는 딤불라 외에 누와라엘리야와 딕코야 지역도 유명하다. 누와라엘리야 지역의 차는 우아한 맛과 향기가 있으며, 색깔은 매우 밝은 오렌지색이다. 딕코야차는 상쾌한 맛이 있으며 색깔은 포도주색이다.

차 한잔 마시며 쉬어가는 곳 | TEA

스리랑카의 홍차 산지

스리랑카의 차 산지는 전국적으로 널리 분포되어 있으나 표고의 차이에 의해 고지대(표고 1,220m 이상), 중간지대(표고 1220~610m), 저지대(표고 610m 이하)로 구분된다.

고산지의 차는 밝은 차액, 미묘한 향, 상쾌한 떫은맛이 특징인 고급 차이다. 우바와 딤불라가 유명하다.

중산지의 차는 떫은맛이 적고 풍미가 강하며 특징 있는 향을 가지고 있다. 블렌드용으로 적합하다.

저산지의 차는 향기가 약하지만 차액이 진한 것이 특징이다. 블렌드용으로 적합하다.

🏵 케냐

20세기에 들어와 인도와 스리랑카에 이어 제3의 신천지로서, 영국의 자본으로 홍차 생산이 시작된 곳이 동아프리카의 케냐와 우간다 및 탄자니아 등이다. 특히 케냐는 인도와 스리랑카의 차 기술자에 의해 개발되어 순조롭게 발전되었다.

1992년부터는 홍차의 생산량이 스리랑카를 앞서고 있다. 생산량이 최고로 많은 시기는 10월 중순에서 12월 중순까지와 3월에서 6월까지이다. 케냐의 차는 신선한 향기를 지니고 있으며 맛도 순하다. 차액은 밝고 투명한 홍색이며, 시티시(CTC) 홍차로 제조되어 블렌드용이나 티백용으로 유럽에 수출된다.

🏵 인도네시아

네덜란드의 식민지 시대 때부터 개발되어 유럽에 차를 수출했지만 제2차 세계대전으로 다원이 망가졌다. 그러나 1960년에 들어서면서 생산량도 회복되고 수출도 재개되었다. 최근에는 국가에서 다원을 운영하는 형식으로 부활됨에 따라 자바와 수마트라 등지에서 차가 대량 생산되고 있다.

자바의 홍차는 차액색이 밝고 투명감이 있으며 부드러운 향미를 가지나 연하므로 블렌드용으로 사용된다. 수마트라의 홍차는 차액색이 짙어서 흑색에 가깝고 맛과 향기도 거의 특징이 없어 중급품의 블렌드용으로 사용되는 일이 많다.

터키

 터키는 17세기부터 차를 마시는 풍습이 있었으나 차 생산이 일시적으로 중단되었다가, 1947년 홍차 공장을 세워 생산하기 시작하였다. 1963년부터 차 수입을 금지시키고 국산차를 소비하게 하고, 1984년까지 차의 판매와 제조 및 유통을 국영화하였다. 차공사에서 45개의 공장을 가동하여 전매하였으나 1984년부터는 민간 기업도 참여하게 되었다. 지금도 대부분의 차를 차공사에서 생산, 유통하고 있다.

 차 재배지는 흑해 연안과 흑해 동부 지역에 국한되어 있다. 총생산량의 약 69%를 리제시에서 생산하고 있으며, 그 밖에 트라브존과 아르트빈, 지레선, 오르두 등지에서 생산하고 있다. 커피 수입을 금지했을 때는 홍차의 국내 소비률이 20년 동안 6배로 증가했으며, 커피의 수입을 재개한 최근에도 차의 소비가 더 많다. 자국에서 소비되는 홍차는 1kg 단위로 크게 포장한 것도 있다.

중국

현재 인도와 스리랑카의 홍차가 유명하지만 홍차는 원래 중국에서 먼저 만들어졌다. 중국에서는 많은 양의 홍차를 생산하고 있으며 그 중 90%를 수출하고 있다. 중국 홍차는 향기가 부족하지만 맛은 좋다. 안휘성의 기문홍차가 특히 유명하다. 기문홍차는 찻잎의 모양이 가늘고 8월에 딴 것이 최고급품이며, 난꽃이나 장미꽃 향기가 난다. 차액색은 등황색이다.

또한 양귀비가 즐겼다는 열대 과일 여지(중국산의 상록수 열매)의 산지인 광동성에서 생산되는 여지홍차가 유명하다. 향을 가한 홍차에 속하는 여지홍차는 꽃향기 대신 과일을 첨가한 것으로, 여지 특유의 달콤한 향기와 차맛이 잘 조화된 맛있는 홍차이다.

일본

일본에서는 명치 7년(1874)에 정부가 규슈에 홍차 전습소를 만들어 유럽에 수출도 했지만 길게 가지 못했다. 제1차 세계대전 후 국내 자급을 위해 규슈에서 다시 홍차 제조가 시작되어 홍차용 품종인 베니호마래 등이 재배되었지만, 품질면에서 열대산에 뒤떨어졌다.

그래서 1971년에 홍차 수입을 자유화하여 인도와 스리랑카 등 세계 각국에서 수입된 홍차를 애용하고 있다. 나름대로의 블렌딩과 특유의 아름다운 포장을 자랑한다.

러시아

홍차의 대소비국 러시아는 거의 인도와 스리랑카로부터 수입하는 홍차에 의존하고 있다. 온화한 코카서스 남부나 흑해의 고원에 있는 다원에서 차 생산을 시작했지만 방대한 수입량에는 못 미치고 풍토적으로 중급 이하의 차가 생산되고 있다. 진하게 끓인 액을 묽혀서 마시는 러시아에서는 생산되는 차가 모두 국내용으로 소비되고 있다. 품질은 그리 좋지 않다.

말레이시아

반도를 남북으로 달리는 산악 지대와 남부의 고원에 기업화된 다원에서 차를 생산한다. 자국 내에 판매하고 있지만 생산량은 적고 수출도 하지 않는다. 풍토적으로 볼 때 차 생산 가능성은 높지만 토질이 홍차에 별로 맞지 않아 품질은 그리 좋지 않다. 따라서 중국차의 수입에 거의 의존하는 실정이다.

🏵 뉴기니아

 오스트레일리아에 거주하던 영국인 차 상인들이 커피로 유명한 북부 하이랜드 지구와 고원 지대에 대규모의 다원을 개발하였다.
 품질은 중급 이하로 별다른 특징이 없지만, 스리랑카산과 블렌드하여 오스트레일리아나 뉴질랜드에 수출하고 있다.

🏵 베트남

 베트남은 의외로 차가 많이 생산되는 곳이며 그 역사도 깊다. 프랑스 식민지 시대에는 프랑스인들에 의해 차를 유럽에 수출하고 차 산업을 발전시켰다. 그러나 1945년 이래 30년에 걸친 전쟁에서 남북 양쪽 지역의 차연구소도 폐지되고 차밭도 황폐화되었다. 전쟁이 끝

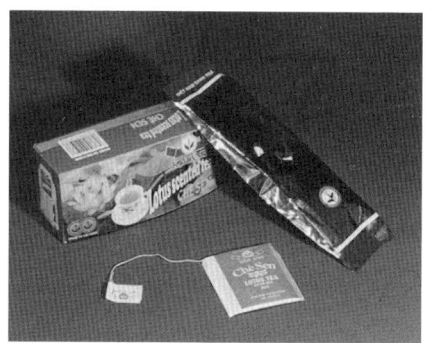
베트남의 연꽃차와 재스민차

난 후 다시 차 산업이 부흥되어 재배 면적이 넓어지자 1993년에는 3만 4,000톤의 차를 생산하여 수출하게 되었다. 생산되는 차의 약 60%가 홍차이다.

세계 유명 홍차 브랜드

🏵 영국

립톤(Lipton)

립톤의 창업주 토마스 립톤은 1850년 스코틀랜드에서 식료품점을 하는 집에서 태어났다. 소년 시절 4년 동안 미국에서 생활한 경험이 있으며, 식료품점 가업을 이어받아 번창시켰다. 마흔 살이 되는 1890년에 스리랑카(당시의 실론 섬)에 가서 다원을 설립하였다.

그는 양질의 아삼 차나무를 그곳에 이식해서 성공했으며, 품질이 좋은 스리랑카차를 영국에 보급시켰다.

1892년에 배합과 포장을 위해 공장을 건설했는데, '다원에서 직접 티 포트로'라는 그의 슬로건은 매우 유명하다.

당시 미국에는 중국차와 일본의 녹차 이외에는 차가 거의 없었으므로 립톤은 미국에서도 대중의 지지를 받았다. 이후 립톤은 홍차를 전 세계에 보급시켜 사랑받게 하였고, '홍차 왕'이라는 칭호를 얻었다.

트와이닝(Twinings)

영국 홍차 중 가장 오랜 역사를 가진 차이다. 이 차는 토머스 트와이닝이 1706년에 런던에 커피하우스를 개

점한 것으로부터 시작된다. 당시 이 커피하우스에는 많은 학자나 중상류층의 고객이 모여 차를 마셨다.

그 후 런던 시민들이 홍차를 즐겨 마시고 앤 여왕을 비롯한 여성들조차 홍차를 마시기 시작했다. 1717년에는 홍차만 전문으로 판매하는 골든 라이온이라는 점포가 생겼다. 당시의 커피하우스에는 여성들이 들어가지 못하였으므로 골든 라이온에는 홍차를 사려는 여성들로 붐볐다고 한다.

토머스 트와이닝의 아들 다니엘 트와이닝도 가업을 이어받아 사업을 발전시켰고, 그 덕택에 영국 전 지역뿐 아니라 국외에까지 그 명성을 떨쳤다. 18세기에 트와이닝이 판매한 차는 홍차뿐만 아니라 녹차도 있었는데, 생산지는 중국이었다. 19세기에는 인도의 아삼과 스리랑카, 자바 등의 홍차가 들어왔고, 아삼차의 수요가 증대되었다. 18세기 이전에는 주문 판매를 하였고 블렌드(배합) 홍차는 없었으나, 제1차 세계대전 중 블렌드 홍차가 생겼다. 제2차 세계대전 때는 6종류의 블렌드 홍차가

차 한잔 마시며 쉬어가는 곳 | TEA

영국의 커피하우스에서 홍차를 선전하는 문구

- 차는 몸을 활발하게 하여 건강하게 한다.
- 차는 두통과 현기증 등을 감소시킨다.
- 차는 우울증을 없앤다.
- 설탕 대신 꿀을 넣으면 간을 강하게 하여 결석증 등에 효과가 있다.
- 차는 호흡 곤란을 없앤다.
- 차는 피로감을 없앤다.

있었으며, 300년의 역사가 되는 근간에는 다르질링, 얼그레이, 우바, 스리랑카 블랙퍼스트 등 10개도 넘는 블렌드 홍차가 있었다. 긴 역사 동안 쌓아온 블렌드 기술에 의해 아직도 최고의 품질을 자랑하고 있다.

잭슨(Jacksons)

1680년 잭슨이라는 사람이 시작한 상점명이지만 주로 홍차를 취급하는 식품회사가 된 것은 19세기 중반이다. 중국의 신비한 가향차의 블렌드를 재현해서 얼그레이라는 이름으로 영국뿐 아니라 세계에 널리 알렸다.

부룩 본드(Brooke Bond)

1869년 부룩이라는 사람이 창설하여 블렌드 차 판매로 영국 일반 가정에 홍차를 침투시켰다. 호텔과 레스토랑의 블렌드 시리즈가 유명하며, 일류 호텔의 차맛을 집에서 즐길 수 있게 하였다.

리지웨이(Ridgways)

1836년 리지웨이라는 사람이 창립한 홍차 상점명이다. 빅토리아 여왕의 명령에 의해 만들어진 블렌드 차 HMB(Her Majesty Blend)는 스리랑카, 아삼 및 다르질링차의 배합이 내는 기품 있는 향미를 가지고 있다.

포트넘&매슨(Fortnum and Mason)

18세기 초에 앤 여왕에게 임무를 받아 포트넘과 매슨이 창설한 식료품점이 시작이며, 빅토리아 여왕 시대에 홍차를 비롯한 많은 식료품들을 왕실에 납품하였다.

그 후 레스토랑과 제과점 등도 설립하여 상류사회의 사교장으로 사용되었다. 인도산과 실론티를 블렌드한 전통적인 영국 홍차 로얄 블렌드가 유명하다.

웨지우드(Wedgwood)

웨지우드의 피터 래빗(Peter Rabbit)차는 영국의 여류작가의 그림책에서 따온 토끼 그림이 심벌인데, 단란한 가족의 티타임에 적합하도록 인도산 최고급 차를 엄선하여 만든 것이다.

또한 영국에는 위에서 소개한 것 말고도 런던 클래식 티(London Classic Tea), 로얄 달톤 티(Royal Doulton Tea) 등 다수의 브랜드가 있다.

❀ 프랑스

프랑스에서 유명한 홍차 브랜드는 포숑(Fauchon)이다. 포숑은 1886년 창립된 프랑스 파리의 고급 식료품점으로, 우리나라에도 들어와 있다. 인도의 다르질링과 스리랑카의 차에 사과 향을 가미한 것과 얼그레이 등의 상품이 있다.

◎ 아일랜드

아일랜드에는 150년의 전통을 자랑하는 뷸리스(Bewley's)라는 홍차 브랜드가 있다. 다르질링, 블랙퍼스트, 얼그레이, 애프터눈티 등의 상품을 판매하고 있다. 애프터눈티는 케냐와 아삼 지방의 차를 배합한 것으로, 차액색은 선명한 홍색이며 산뜻한 맛을 낸다.

◎ 덴마크

로얄 코펜하겐은 18세기에 덴마크 왕실을 위해 설립되었으며 예쁜 도자기에 넣어져 있다. 최고급의 용기에 어울리는 최상품의 홍차를 사용하였다.

양질의 우바차와 다르질링차를 사용하였으므로 밀크티로 마시기보다는 스트레이트(straight)로 마시는 것이 제격이다.

🏵 스코틀랜드

1812년에 에든버러에서 창립된 멜로즈(Melrose's)가 있다. 아삼차, 퀸스티 등이 세계인의 사랑을 받고 있다.

🏵 미국

힐스 브로스(Hills Bros)는 1878년 힐스 형제가 만든 브랜드이다. 두 형제는 샌프란시스코에 홍차·커피·스파이스 등을 취급하는 식료품점을 열었으며, 지금도 최고의 품질을 유지하려는 노력을 하고 있다.

다르질링 잎차 등이 2인용 소포장으로 된 것도 있어 사용하기 편리하다.

일본

1927년 일본 홍차 제1호가 일동홍차(Nittoh, 日東紅茶)에서 발표되었다. 일본의 수질과 일본인의 기호에 맞게 만들어져 사랑받고 있다.

인도산과 스리랑카산 등이 블렌딩된다. 일본인들은 녹차 못지 않게 홍차도 매우 즐기고 있어 이토엔(Iton, 伊藤園), UCC 등 제법 많은 홍차 브랜드를 가지고 있다.

상품화된 유명 블렌딩 차

차를 만드는 회사에서 여러 산지의 찻잎을 배합하여 만든 차들을 소개한다.

🌸 로얄 블렌드(Royal Blend)

홍차는 처음에 영국에서 발달했기 때문에 영국 왕실과 관련된 이름이 많으며, 왕실에 납품하는 블렌드라 로얄 블렌드라고 하였다. 색이 진하며 밀크를 넣어 마신다.

❁ 블랙퍼스트(Brackfast) 홍차

어느 회사에서나 거의 변함 없이 파는 홍차는 블랙퍼스트이다. 이 홍차는 파쇄된 실론차를 기본으로 하고 경우에 따라서는 인도차를 블렌드한 것으로, 고급 차라고 할 수는 없지만 차가 빨리 우러나고 색감이 진한 것이 특징이다.

잉글리시 블랙퍼스트는 영국인들의 아침식사에는 물론이고 다른 나라에서도 이른 아침이나 아침식사에 이용된다. 중급품이 많다. 다른 나라에서는 모닝(morning) 홍차라고도 하는데, 밀크나 레몬을 넣어도 좋다.

❁ 애프터눈(Afternoon) 홍차

브랜드마다 배합이 다를 수 있다. 주로 인도의 아삼차나 다르질링차를 블렌드하거나 케냐산 차와 아삼차를 블렌드하여, 첫잔은 스트레이트로 마시고 둘째 잔은 밀크를 넣어 마시면 좋다. 비교적 부드러운 맛이 난다.

◉ 이브닝(Evening) 홍차와 애프터 디너(After Dinner) 홍차

오후에 마시거나 저녁식사 후에 즐기는 차다. 과일 향을 가미한 것을 택하거나 우아한 향기의 다르질링차에 양주를 넣어 마셔도 좋다.

보이차란?

주로 대엽종의 찻잎을 사용하여 녹차처럼 만들어 대나무통이나 상자에 퇴적시켜 방치하면 외부로부터 미생물이 침투해 발효한다고 하여 후발효차 또는 퇴적차라고 부르는 흑차가 있다. 그 중 유명한 것으로 보이차(普洱茶)가 있다. 운남성의 보이가 차의 집산지이기에 붙여진 이름이다. 잎차 모양과 떡차(병차, 긴압차) 모양이 있으나 두 차의 성분 차이는 거의 없다.

발효가 끝나면 건조시켜 포대에 넣어 저장하는데 그 기간 동안 숙성이 계속된다.

다른 차와는 다르게 숙성 기간이 길수록 고급이라고 한다. 향미는 떫은맛이 줄고 곰팡이 냄새가 난다. 곰팡이 냄새가 싫으면 소량의 재스민차를 넣어 블렌딩하여도 좋다.

발효 중에 카테킨류가 현저히 감소하는데, 특히 몰식자산(gallic acid) 결합 형태인 에피카테킨갈레이트와 에피갈로카테킨갈레이트가 현저히 파괴되어 유리형인 에피카테킨과 에피갈로카테킨은 다소 남아 있고 몰식자산의 함량이 증대된다. 순수한 몰식자산은 약간 독성이 있으나 항돌연변이 및 위암 세포의 증식을 억제하는 효과가 강하다는 실험 연구가 있다. 향기 성분으로는 다른 차에는 볼 수 없는 페놀류가 생성되며, 발효에 의해 저급 알코올류도 생성된다.

보이차를 건강 차라 하여 선호하는 이유는 이 차가 지방을 분해하여 소화를 돕고(기름기를 많이 사용하는 광동요리와 함께 이용되며 홍콩의 레스토랑에서도 즐겨 사용한다고 함) 변비 해소에도 좋기 때문이다.

녹차는 몸을 냉하게 한다는 말이 있어 왔는데 보이차는 몸을 덥게 한다고 하였다. 몸을 덥게 한다고 한 이유는 녹차 성분이 발효되는 과정에서 변하는 여러 가지 성분의 차이(카테킨이 감소하고 저급 알코올류가 생성되는 등)에서 기인한다고 생각되지만 과학적인 연구가 더 필요하다. 보이차는 가격이 비싸므로 국내에서는 가끔 가짜가 만들어져 유통되기도 하는데, 속성으로 발효시키기 위해서 알코올을 뿌리는 곳도 있다고 한다. 혹자는 그런 알코올 성분 때문에 보이차가 몸을 덥게 하지 않을까 하는 말도 한다.

3부
차의 제조

역사 속의 차 제조

 당나라 때의 육우에 의하면 당시 화북(華北)과 화남(華南) 지역의 산에는 수많은 차가 생산되었고 가공법도 다양했다. 그 당시에는 찻잎을 쪄서 찧고 굳힌 단차(團茶)가 유명했다. 그 이유는 찻잎을 산에서 따기 때문에 가지고 내려오는 동안 시들고 마는데, 바로 찌면 산화효소를 파괴할 수 있고, 찧어서 고체의 형태로 만들면 수송이 편리하기 때문이었다.

 당나라 중기 무렵에는 다원(茶園)도 생겨 찻잎을 쪄서 손으로 비벼가며 건조시킨 잎차가 나타난다. 우리나라에서도 신라시대에는 단차를 마신 흔적이 있고, 조선시

옛것을 재현해본 단차

옛것을 재현해본 병차

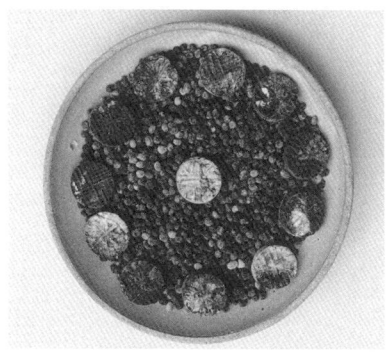
여행용 단차
(국산 녹차로 재현한 차환과 병차)

대에는 남부 지방에서 다식판(茶食板)을 사용하여 단차를 만들었다. 가운데에 대나무로 구멍을 뚫어 건조시킨 후 100개 정도를 새끼로 엮어 엽전 모양으로 만든 전차도 있었다.

다식판은 병판(餠板)이라고 하여 떡이나 과자를 만드

는 데도 사용한다. 그래서 옛날에는 전차를 병차(餠茶)라고도 하였다. 육우의 《다경》에 나오는 단차는 분말로 하여 가루차로 사용했지만, 조선시대의 전차는 직화로 쬐어 약탕관 속의 물에 몇 개 넣어 끓이면 차색이 우러나며 이것을 차사발에 따라 마셨다고 한다. 오늘날 중국이나 몽고 지방에서 음용하는 전차와 같은 방법이다. 현재 우리나라에서 만들고 있는 차는 주로 잎차다.

홍차의 제조

홍차의 기원은 중국이므로 중국 홍차의 제법이 있지만, 일반적인 제조 공정은 다음 세 가지로 나뉜다.

❀ 순 오서독스(orthodox) 홍차 제조법

> 찻잎 → 실내 자연 위조 → 유념 → 분별 → 유념 → 분별 → 발효 → 건조 → 반제품(완제품은 출고 직전에 만든다)

중국의 전통적인 방법을 개량하여 기계화한 방법이다.

① 찻잎 : 홍차를 만들 때는 카테킨 함량이 많은 인도 대엽종 찻잎을 많이 이용한다. 채엽은 일창이기(一槍二旗, 한 싹에 두 잎이 달린 것)를 기준으로 한다.

② 실내 자연 위조 : 순 오서독스(orthodox) 홍차 제법에서는 통풍이 잘 되는 위조실에서 자연 위조를 행한다. 위조 선반에 찻잎을 얇게 펴서 25~28℃의 온도에서, 16~18시간 동안 정치한다. 이때 향기가 생기며 위조된 잎은 매우 부드러운 촉감을 가진다.

③ 유념 : 순 오서독스 홍차 제법에서는 유념기만 이용하여 비벼준다. 회전수가 분당 45~50회인 유념기에 의해 찻잎의 세포가 파괴되어 산화효소와 폴리페놀이 반응하여 발효가 잘 되게 해준다. 체별하여 거친 잎은 다시 회전수가 분당 35~40회인 유념기로 유념을 한다.

④ 분별 : 유념된 찻잎은 세포로부터 액즙이 나와 펙틴 등의 성분에 의해 굳어진 공과 같은 것이 된다. 이것을 풀어주면서 체별하여 거친 잎을 다시 회전 수

가 분당 35~40회인 유념기로 유념을 한다.
⑤ 발효 : 발효실에서 수센티미터 두께로 퇴적하여 정치한다. 발효실의 온도는 20~26℃, 습도는 90%로 하고 2~4시간 정도 발효시킨다.
⑥ 건조 : 고온(70℃)의 열풍으로 20분 동안 건조시켜 수분 함량을 5% 이내로 한다.

반 오서독스(orthodox) 홍차 제조법

찻잎 → 인공 위조 → 유념 → 유절기 → 헤치기 분별 → 가압 유념 → 분별 → 발효 → 건조 → 반제품(완제품은 출고 직전에 만든다)

인공 위조를 하며 유절기를 사용한다.
① 인공 위조 : 자연 위조는 넓은 장소가 필요하므로 최근에는 거의 인공 위조를 행한다. 위조대에 찻잎을

20~30cm 두께로 쌓아 펴고, 아래쪽으로 공기를 흘려준다(팬으로 바람을 보낸다). 필요에 따라 공기의 온도를 조절하면 강제로 위조되므로 시간이 단축된다.

② 유념 : 회전수를 분당 40회로 하여 유념을 한다.

③ 유절기 : 유념기와 더불어 유절기를 이용하여 찻잎을 15분 동안 파쇄한다. 이때 찻잎의 세포가 강하게 분쇄되어 세포막이 부서지면서 내용물이 섞이고 공기와의 접촉도 증가된다.

④ 가압 유념 : 차를 누르면서 유념해준다.

⑤ 건조 : 80~90℃의 열풍기로 20분 동안 건조시킴으로써 발효를 정지시키고 수분을 5% 미만으로 만든다.

❂ CTC(Crush · Tear · Curl) 홍차 제조법

> 찻잎 → 인공 위조 → 유절기 → CTC → 인공 발효 드럼
> → 건조 → 반제품

① CTC : crushing(분쇄), tearing(찢기), curling(비틀기)의 조작을 동시에 행하는 기계를 이용하므로 짧은 시간 안에 찻잎의 세포가 많이 파괴된다.

② 인공 발효 드럼(drum) : 회전하는 드럼층에 CTC기에서 나온 찻잎을 넣어 습도 95%의 공기 중에서 45~75분 동안 발효를 시키므로 다른 방법보다 발효 시간이 크게 단축된다.

홍차의 등급은 어떻게 매겨질까?

홍차는 잎의 크기와 색깔에 따라 분류되는데, 대체로 줄기 끝에서 난 어린 잎일수록 향과 맛이 뛰어나다. 따라서 찻잎의 크기가 작은 것이 고품질의 차이다.

FOP(Flowery Orange Pekoe)는 차나무에서 제일 위에 나는 흰 털이 많고 어린 싹을 말하며, 팁(tip)이라고도 한다. OP(Orange Pekoe)는 두 번째의 어린 잎을 말한다. 솜털로 덮여 있고 우린 차액의 색깔이 엷은 오렌지색을 띠고 있다. 단순히 실론차와 인도차의 대표적인 브랜드를 의미할 때도 있다. P(Pekoe)는 세 번째의 어린 잎이며 차액의 색은 OP보다 진하다. 페코(pekoe)라는 말은 백호(白毫), 즉 흰 솜털이라는 중국어로 어린 싹을 뜻한다. PS(Pekoe Souchong)는 네 번째의 어린 잎이다. S(Souchong)는 다섯 번째의 어린 잎이다. 홍차를 만들 수 있는 잎 중 가장 큰 잎을 말한다.

건조를 끝낸 홍차 반제품은 분말과 줄기를 제거한 후 체질을 하여 크기별로 나눈다.

파쇄형 홍차는 Broken(약자 B), 더 가늘게 파쇄된 것은 Fanning

s(약자 F)라고 한다. 예를 들면, BOP(Broken Orange Pekoe)는 입자 크기가 2~3mm이고 차 싹을 포함한 상급품에 많다. 시판되고 있는 대부분의 홍차는 BOP이다. 차액의 색은 진하고 떫은맛이 있으며 향미가 뛰어나다. BOPF(Broken Orange Pekoe Fannings)는 BOP보다 작은 1~2mm 크기이며 티백용으로 사용된다. D(Dust)는 분말에 가깝다. 주로 티백 원료로 사용된다. 일반적으로 품질이 좋은 순서라고 하면 FBOP 〉 OP, BOP 〉 P, BP 〉 F이다.

우롱차의 제조

우롱차(烏龍茶)는 중국의 특산차이다. 그래서 중국차 하면 우롱차를 연상하지만, 우롱차의 생산량은 중국에서 생산되는 차 생산량의 10% 미만이라고 한다. 우롱차는 부분발효차에 속하므로 찻잎의 효소 작용을 어느 정도 이용하는 차이다. 따라서 제조 공정이 녹차보다 복잡하다.

우롱차는 복건성에서 나는 우롱차 전용 품종인 중국종 차나무의 잎으로 만들어지며, 중엽종과 대엽종의 중간 품종도 사용된다. 제조 공정과 발효 정도의 차이에 의해 우롱차도 여러 가지가 만들어진다. 대만에서는 부분발효차 중 발효 정도가 낮은 순서대로 포종차(包種茶), 철관음차(鐵觀音茶), 우롱차라고 한다.

❀ 포종차 제조법

찻잎 → 일광 위조 → 실내 위조 · 교반 → 덖음 → 유념 → 헤치기 → 건조

① 일광 위조 : 찻잎을 햇빛으로 시들게 하는 과정이다. 온도는 30~40℃가 적당하다.
② 실내 위조 : 일광 위조로 중량이 10~15% 줄었을 때 실내에 옮겨 시들게 하는 공정이다. 비가 올 때나 기온이 낮은 경우 열풍 위조기를 사용한다. 1~2시간 동안 정치(靜置)시킨 후, 첫번째의 교반(뒤집기)은 1분 간격으로 가볍게 하고, 다음에는 강하게 하되 손으로 하기도 하고 기계를 이용하기도 한다.

마지막 교반이 끝난 후 1~3시간 정치한 후 다음 공정으로 간다. 이 공정으로 찻잎의 무게가 20~30% 줄어든다.

③ 덖음 : 160~180℃의 덖음 솥을 이용한다. 원통형 기계를 사용할 때는 찻잎 투입량에 따라 다소 차이는 있지만 140~160℃에서 2~3분 동안 한다. 찻잎 무게는 본래 중량의 38~48%까지 줄어든다.

④ 유념 : 10분 동안 유념을 한다.

⑤ 헤치기 : 차를 풀어준다.

⑥ 건조 : 열풍 건조기에서 말리면 수분 함량이 4%가 된다.

철관음차 제조법

이 차를 만들 때는 유념기에서 유념한 후 단유(團揉)라는 조작을 행한다. 단유란 찻잎을 구슬과 같이 잘 말아지는 모양으로 만드는 과정으로, 유념 후에 헤치기를 한 다음 재차 건조하여 반건조 상태에서 하룻밤 정치하여 특제의 보자기에 싸서 단유기에 넣고 유념하는 것을 말한다. 다시 덖음을 행하고 두 번째 단유를 한다. 5~6회 단유를 반복한 다음 건조시켜 제품을 만든다.

❂ 우롱차 제조법

넓은 의미의 우롱차 안에는 포종차·철관음차 등이 포함되지만, 좁은 의미에서는 대만산 고급 우롱차와 같이 발효 정도가 강한 것만을 말한다.

대만산 고급 우롱차를 만들 때 포종차나 철관음차의 제법과 다른 공정은 찻잎 → 일광 위조 → 실내 위조 및 교반 → 덖음을 한 후, 바로 1차 유념 과정에 들어가지 않고 물을 축인 보자기로 덮은 찻잎을 싸서 10~20분 동안 정치한 다음 유념 과정으로 들어가는 것이다.

이렇게 하는 목적은 잎을 부드럽게 하고 유념할 때 찻잎이 부서지는 것을 방지하기 위해서이다.

녹차는 일창이기(차 싹 1개에 찻잎이 2장 붙은 것)를 이용해 만들지만 우롱차 제조에는 일창삼기(차 싹 1개에 찻잎이 3개 붙은 것)를 쓴다. 찻잎의 발효는 먼저 잎 가장자리에서부터 시작되어 점차 엽맥으로 퍼지고 녹색 부분은 더 밝아진다. 잎 가장자리가 붉게 되었을 때 발효가 끝났다고 한다. 이 때 잎은 적색 테두리를 한 녹색 잎으로 묘사된다.

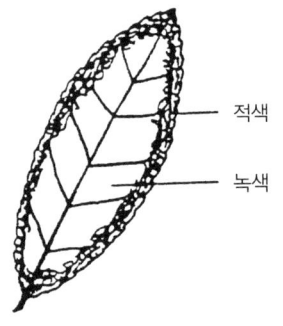

발효가 끝난 우롱차 제조용 찻잎
(Food Reviews, 1995)

4부
차의 성분

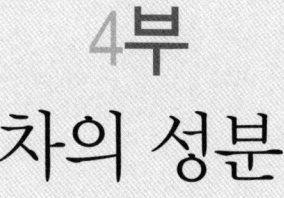

차의 맛 성분

 차가 세계인의 기호음료가 된 이유는 크게 두 가지로 볼 수 있다. 첫째는 그 맛과 향기가 사람들의 기호에 맞기 때문이다. 두 번째는 차의 성분이 건강을 증진시키는 것이 과학적으로 입증됐기 때문이다. 이렇게 차의 풍미가 뛰어나고 색이 아름다우며 건강을 증진시키는 것은 그런 것을 가능하게 하는 화학 성분이 모두 차에 들어 있기 때문이다.
 이미 언급했듯이 세계 각국에서 생산되는 차는 그 종류마다 풍미가 조금씩 다르다. 이것은 차나무의 품종이나 산지, 기후, 만드는 법 등이 각기 다른 데서 기인하는 것이지만, 엄밀하게 말하면 그로 인해 차의 구성 성분의 함량이 조금씩 달라졌기 때문이다. 어떤 성분은 색에 기여하고 어떤 성분은 차의 풍미에 기여한다. 효능에 기여하는 성분이 따로 있는가 하면, 카테킨이라는 성분은 맛이나 색, 효능에 모두 관여하기도 한다.

생찻잎의 대부분은 수분(75~80%)이 차지하지만 고형분 중에서 가용성 성분은 50% 미만이다. 가용성 성분이란 물에 녹는 물질을 말하는데, 우리에게 맛을 주는 차의 타닌인 폴리페놀, 아미노산, 카페인, 당 등을 말한다. 그 중에서 폴리페놀은 13~30%를 차지하며 차의 타닌 혹은 카테킨이라고 한다. 찻잎 중의 고형분은 섬유질 50%, 단백질 15%(효소 성분 포함), 탄수화물 7%(펙틴 3.2~6.4%), 설탕 0.9~2.3%, 포도당+과당 0.3~0.8%, 지질 7%, 유리아미노산과 펩타이드 1.6~5%, 카페인 3~4%, 무기질 5%, 유기산 0.5%로 구성되어 있으며, 이 외에 핵산 물질, 사포닌, 향기 성분 등도 들어 있다.

🏵 홍차의 맛 성분

홍차의 맛은 녹차와 구별된다. 산화에 의해 카테킨의 양이 감소되므로 홍차의 맛은 카테킨류의 산화에 의해 형성된다. 홍차 생엽의 맛은 강한 쓴맛을 가지고 있지만 카테킨류가 산화, 중합되면 쓴맛은 감소하고 약간 상쾌한 떫은맛이 나온다. 상쾌한 떫은맛 성분은 산화 중합물인 테아플라빈(theaflavin)류와 그외 중 정도의 분자량을 가진 카테킨의 산화 생성물에 의한다. 여기에 카페인이 부가되어 홍차의 맛이 된다.

🏵 우롱차의 맛 성분

우롱차의 맛은 녹차에 비해 쓴맛과 떫은맛이 약하고 뒷맛이 달고 중후하다. 이것은 주로 발효에 의해 카테킨이 감소되고 카테킨류로부터 생성된 여러 종류의 카테킨 관련 화합물이 생성되기 때문이다. 발효 정도가 낮은 포종차의 경우 카테킨의 감소율이 낮으며, 우롱차는 발효에 따라 그 정도는 다르나 감소율이 높다. 우롱차의 카테킨 감소율의 변동이 심한 것은 그 제법이 다양하기 때문이다.

차의 색깔 성분

❁ 홍차의 색깔 성분

 홍차의 차액색은 품질에 큰 영향을 미친다. 홍차 제조 공정에서 위조(시들게 하는 공정)시킨 잎은 생엽과 색깔이 거의 같지만 유념(비비는 공정)에 의해 세포가 파괴되어 액즙이 나오고 황갈색에서 적갈색으로 된다. 그리고 발효에 의해 갈색이 진해진다.
 이 적갈색은 밝은 오렌지색의 테아플라빈(theaflavin), 진한 홍색의 테아루비긴(thearubigin)과 테아루비긴이 산화 중합한 적갈색의 세 종류가 혼합하여 된 것이며,

이 세 종류의 혼합 비율에 의해 차의 색깔이 결정된다. 테아플라빈은 카테킨류가 폴리페놀옥시다아제의 작용에 의해 이량체(2분자 중합)로 된 것이다. 테아루비긴은 더 산화되어 아미노산이나 단백질과 결합한 것으로 생각되어진다. 산화나 중합이 진행됨에 따라 색은 갈색에 가깝게 되고 향미나 품질도 저하된다.

우롱차의 색깔 성분

부분발효차의 차액색에 관여하는 성분은 기본적으로 홍차와 같으나 발효의 정도와 조건에 의하여 테아루비긴, 테아플라빈 및 산화 중합물의 구성과 함량이 홍차와는 다르다. 테아플라빈의 함량은 홍차의 1/10에 지나지 않는다. 또 최근에는 우롱차로부터 새롭게 우롱호모비스플라반이란 물질이 분리되었고, 발효에 의한 2차 폴리페놀 물질 및 이것들의 2차적 산화에 의해 형성된 산화 중합물의 구조가 구체적으로 밝혀지고 있다.

홍차에서 크리밍(Creaming) 현상이란?

홍차용 드립(왼쪽)과 인퓨저(오른쪽)

뜨거운 열탕으로 홍차를 우려내어 식히면 백색으로 혼탁해지는 현상을 크리밍(Creaming) 혹은 크림 다운(Cream down)이라 하는데, 고급 홍차에서 흔히 볼 수 있는 현상이다. 이 원인을 밝히기 위해 많은 연구자들이 실험을 했는데, 클로로포름 처리를 하여 카페인을 제거했을 때는 이 현상이 거의 나타나지 않았다. 연구 결과 크리밍 현상은 카페인과 카테킨류의 결합에 의한 것이라고 밝혀졌다. 중합형 카테킨인 테아플라빈, 테아루비긴뿐만 아니라 유리형 카테킨과 다당, 단백질 및 다른 화합물도 크리밍 현상에 관여하는 것이 밝혀졌다. 카페인과 카테킨류의 복합체가 뜨거운 열탕에서는 용해되어 있다가 온도가 낮아짐에 따라 석출되어 나오기 때문에 뿌옇게 보이는 것이다.

밝고 황금빛이 나는 크리밍 현상을 나타내는 차가 우중충하고 혼탁한 크림 현상을 나타내는 차보다 좋은 차이다.

차의 품질과 성분

❁ 홍차의 품질과 성분

홍차의 품질에서 무엇보다 중요한 인자는 색깔이다. 홍차의 색깔이 선명한 적갈색을 띠며 찻잔 내벽의 가장자리에 황금색 환(golden ring 혹은 corona라고 함)을 보이는 것이 품질이 좋은 차라고 한다.

이 적갈색은 밝은 오렌지색의 테아플라빈, 진한 홍색의 테아루비긴, 그리고 테아루비긴이 산화 중합한 적갈색의 세 종류가 혼합하여 된 것이며, 이 세 종류의 혼합 비율에 의해 차의 색깔이 결정된다. 테아플라빈은 카테킨류가 폴리페놀옥시다아제의 작용에 의해 중합된 것이다. 테아루비긴은 더 산화되어 아미노산이나 단백질과 결합한 것으로 생각된다. 산화나 중합이 진행됨에 따라 색은 갈색에 가깝게 되고 향미나 품질도 나빠진다.

다음의 표는 위의 세 성분이 조화를 이룰 때 차액색이 양호한 품질 좋은 차를 만드는 것을 보여준다. 즉, 상급의 홍차는 보통 홍차 중에 존재하는 테아플라빈과 테아루비긴의 함량이 높았다. 홍차의 품질은 엄밀하게 따지면 색깔과 향기 및 맛 모두가 종합적으로 우수해야 하는데, 향이나 맛이 좋도록 제조한 차가 대체로 테아플라빈의 함량도 많은 상관관계가 있었다.

❁ 홍차 제조 및 보관 중의 성분 변화와 품질

녹차 중의 비타민 C는 효력이 강한 환원형인 데 반해 홍차의 비타민 C는 홍차를 만드는 과정에서 효력이 약한 산화형 비타민 C로 소량 남아 있거나 파괴된다.

홍차를 가공하면 엽록소가 분해되어 감소되는데, 이는 가공 중에 엽록소가 황갈색의 페오피틴(pheophytin)이나 페오포바이드(pheophorbide)로 변하기 때문이다. 엽록소의 분해는 CTC 홍차를 만들 때보다 오서독스 홍차를 만들 때 심하게 일어난다. 홍차 가공 중에는 카로티노이드의 함량 또한 감소하는데, 감소한 카로티노이드는 홍차의 향기 성분 형성에 기여한다.

홍차 제조 과정 중에 모든 성분이 분해되거나 감소하는 것이 아니라 증가하는 것도 있다. 유리당 중 펜토스

홍차의 등급과 색깔 성분(%)

등급	테아플라빈	테아루비긴	산화중합물
상품	19.0 ± 0.3	52.6 ± 0.8	28.3 ± 1.0
중품	17.5 ± 2.1	49.8 ± 2.4	36.7 ± 2.1
하품	13.3 ± 1.7	45.1 ± 2.3	41.6 ± 3.4

※ 자료 : Nakagawa, 1976

같은 것은 찻잎에는 없었으나 제조 과정 중에 새롭게 생성되며, 찻잎에 들어 있는 핵산 분해 효소의 작용으로 여러 가지 새로운 핵산 물질들이 생성된다.

홍차는 제조 후 한 달 정도 지난 것이 가장 품질이 좋다고 하는데, 그 이유는 제조 후에도 숙성이 계속되기 때문이다. 이 현상을 후숙이라고 하며, 풋냄새가 사라지고 차액색이 진하게 되며 떫은맛이 감소한다. 그러나 이 시기가 지나면 차의 품질은 점점 떨어지기 시작한다.

홍차가 오래 되면 홍차의 카테킨류, 엽록소, 가용성 질소 화합물, 테아플라빈, 유리 아미노산 등이 감소하고 지방 분해에 의해 유리 지방산이 증가한다. 또 산화가 진행된 테아루비긴이 증가하여 품질을 떨어뜨린다. 이러한 현상은 보관 중에 습도가 높으면 더욱 촉진된다.

우롱차의 품질과 성분

홍차의 품질을 좌우하는 요소가 색깔 성분이라면 우롱차는 향기가 중요하다. 우롱차의 종류에 따라 형이나 색깔이 다르지만 몇 번 우려 마셔도 향기가 남아 있는 것이 좋은 제품이다. 약간 발효시킨 포종차는 매우 우아한 재스민이나 장미와 같은 특징적인 꽃향기가 나는데, 그것은 위조 공정 동안에 재스민꽃 정유가 갖는 특유한 향의 하나인 재스민 락톤 및 메틸 재스모네이트 등이 형성되기 때문이다. 포종차에는 그 외에도 네롤리돌이 다른 차보다 많다. 품질이 좋은 우롱차에는 네롤리돌, 롱기페론, 파르네센 등의 세스퀴 테르펜류가 많고 시스-재스몬, 재스민 락톤, 메틸 재스모네이트, 벤질 시아나이드, 인돌 등의 꽃향기 성분도 많이 포함되어 있다.

향기 이외의 성분으로는 총질소량, 타닌, 유리 아미노산 및 가용성 성분이 많으면 품질이 우수한 차이고, 유리 환원당이 많으면 하급 차라고 한다.

홍차의 향기 성분

홍차용 찻잎이 본래 가지고 있는 향기 성분은 적지만 위조 → 유념 → 발효의 공정을 거치는 동안 향기 성분이 많이 생성된다. 찻잎이 본래 가지고 있는 성분은 풀냄새를 내는 시스-2-펜테놀, 시스-3-헥세올, 트랜스-2-헥세올, 리나롤 등의 알코올류이다. 이 성분들은 찻잎에 소량 들어 있는데, 위조 공정에 의하여 향기 성분 화합물의 양이 생엽에 비하여 약 10배 가량 증가한다.

또한 유념과 발효 공정에서도 산화효소를 중심으로 하는 효소 반응에 의해 카테킨이 산화되고, 산화된 카테킨류로부터 다른 성분들이 연속적으로 산화되어, 리나롤 옥사이드 등과 같은 산화물 형태의 향기 성분이 많이 생성된다.

건조 공정에서는 열풍에 의해 휘발성이 높은 성분이 손실되기도 하지만, 당과 아미노산으로부터 생성되는 산물인 스트리커 분해로 페닐 아세트알데히드 등의 알데히드와 알코올·에테르 등의 관능기를 가진 화합물도 많고, 카르티노이드의 분해로 생기는 이오논계 화합물과 락톤, 즉 꽃향기를 내는 베타-이오논, 달콤하고 건조시킨 과일 향을 내는 베타-테아스피론, 복숭아 냄새를 내는 디히드로엑티니디올리드 등이 첨가되면서 녹차와는 달리 홍차는 차의 품종에 따라 전체적으로 꽃향기 혹은 과일 향을 내게 된다.

효소적 반응과 화학적 반응이 순차적으로 진행되는 조건(전통적인 방법)에서 만들어지는 순 오서독스 홍차의 향기가 단시간 내에 만들어지는 CTC 홍차보다 월등하게 좋다. 즉, CTC 홍차의 향기는 풀 냄새가 나는 헥산올 등이 주성분이고 꽃향기 성분이 부족하지만, 오서독스

홍차의 중요 향기 성분

녹차 지질의 가수분해와 산화 분해에 의한 유래	1-펜텐-3-올, 트랜스-2-헥센알 시스-2-펜텐-1-올, 헥산올 시스-3-헥세올, 트랜스-2-헥세닐포메이트 시스-3-헥세닐헥세노에이트
모노테르펜 알코올과 그것의 산화물	리나롤 리나롤-3,6-옥사이드(시스형) 리나롤-3,6-옥사이드(트랜스형) 리나롤-3,7-옥사이드(시스형) 리나롤-3,7-옥사이드(트랜스형) 네롤리돌, 제라니올 트랜스, 트랜스-3,5-옥타트리엔-3-올 3,5-디메틸-1,5,7-옥타트리엔-3-올 알파-테르피놀, 네롤
그 외의 성분	벤즈알데히드, 벤질 알코올 페닐 아세트알데히드, 페닐 에탄올 메틸 살리실레이트, 베타-이오논 시스-재스몬

홍차에서는 리나롤, 제라니올, 페닐 에탄올 등의 꽃향기 성분이 균형 있게 포함되어 있다.

기문(keemun)과 다르질링(darjeeling)차에는 제라니올이 많은 반면 우바와 딤불라차는 리나롤과 리나롤 옥사이드와 같은 테르펜 알코올이 많다. 이렇게 차이를 나타내는 것은 차나무의 품종이 다르기 때문이다. 우바와 딤불라는 중국 대엽종(var. sinensis)이 중요한 교배종인 데 반해, 다르질링은 아삼종(var. assamica)이 중요한 교배종이다.

다케오(竹尾)는 차나무의 품종에 따라서 테르펜 알코올의 조성 비율이 다른 것에 착안하여, 테르펜 인덱스(TI)를 구하여 차나무의 품종을 알아내는 것을 제안하였다.

주로 홍차 품종인 중국 대엽종에 속하는 차나무는 제라니올(G) 함량이 적기 때문에 TI치는 1에 가깝고 녹차용의 품종인 아삼종은 TI치가 0.3 정도이며 교배종은 0.3~0.7 정도이다. 홍차의 향기에 있어서는 발효 도중 리나롤(L)이 리나롤 옥사이드(L-O)로 변화하므로 TI치

$$TI = \frac{리나롤\ 함량}{(리나롤+게라니올)\ 함량}$$

를 (L+L-O) / (L+L-O+G)로 나타내었다.

보통 인도계의 홍차와 스리랑카의 홍차는 TI치가 0.9 이상으로 높아 중국 대엽종의 특성을 나타낸다. 대엽종을 원료로 한 중국 홍차는 TI치가 0.7~0.85 정도이다. 반면에 소엽종을 이용한 것은 TI치가 0.3~0.4로 아삼종이 중요한 교배종인 것을 알 수 있다.

부분발효차의 향기 성분

🌼 포종차

 포종차는 재스민이나 장미와 같은 매우 우아하고 특징적인 꽃향기가 난다. 그것은 위조 공정 동안에 재스민꽃의 정유가 갖는 특유한 향의 하나인 재스민 락톤 및 메틸 재스모네이트, 네롤리돌, 인돌, 벤질 시아나이드 등이 많이 생성되기 때문이다.

 다음 그림에 대만산 최고급 포종차의 향기 성분을 분리한 가스크로마토그램을 나타내었다. 또 향기 성분의 함량을 표로 정리하였다. 포종차에서는 재스민꽃의 향기에 관계하는 주화합물의 하나로서 메틸 재스모네이트가 동정되었는데, 그 이성체인 에피메틸 재스모네이트는 메틸 재스모네이트보다 향이 400배 강한 물질로서 다른 차에 비해 포종차에 제일 많이 들어 있다.

🏵 우롱차

 우롱차의 생산량은 중국차 전체의 약 10%에 지나지 않지만 일반적으로 우롱차를 중국차라고 부른다. 우롱차는 홍차와 녹차의 장점을 함께 갖춰서 특별한 풍미를 느낄 수 있다. 꽃향기가 나며 홍차의 떫은맛과 녹차의 쓴맛이 적어 일본과 우리나라에서 그 소비가 점점 증가하고 있다.
 우롱차의 종류는 매우 다양하다. 특히 철관음(鐵觀音)차는 향기와 맛이 조화를 잘 이룬다. 최상급품의 철관음차는 특유의 꽃향기가 강하다. 중국산 우롱차에는 네롤리돌,

롱기페론, 파르네센 등의 세스퀴테르펜(sesquiterpene)류가 많고, 또 시스-재스몬, 재스민 락톤, 메틸 재스모네이트, 벤질 시아나이드, 인돌 등의 꽃향기 성분도 많이 포함되어 있다. 일본산 우롱차에는 이런 성분들이 적고 트랜스-2-헥센알이 많이 포함되어 있어 관능검사를 해보면 일본산 우롱차에서는 꽃향기가 적고 풀 냄새가 난다.

국내산 부분발효차의 향기 성분

부분발효차는 우리나라의 사찰을 중심으로 극히 일부에서 제조되고 있다. 이 차를 시료로 하여 기호면에서 무엇보다 중요한 향기 성분을 중심으로 분석해서 우리 입맛에 맞는 다양한 제품을 개발하고 상품화하는 데 그 기초 자료로 삼고자, 부분발효차와 비교 시료로서 1종의 녹차를 이용하여 향기 성분을 분석하였다. 그 결과 6월에 부산의 D암에서 수확한 찻잎으로 제조한 부분발효

포종차의 중요 향기 성분

종류	함량(%)
시스-3-헥세올	1.0
시스-3-헥세닐 헥세노에이트	3.9
시스-3-헥세닐 벤조에이트	1.5
리나롤	9.6
리나롤-3,6-옥사이드(시스형)	5.2
리나롤-3,6-옥사이드 (트랜스형)	2.0
리나롤-3,7-옥사이드(시스형)	8.5
리나롤-3,7-옥사이드 (트랜스형)	8.5
3,5-디메틸-1,5,7-옥타트리엔-3-올	3.2
제라니올	3.1
네롤리돌	17.2
시스-재스몬	2.1
재스민 락톤	3.6
메틸 재스모네이트	1.0
벤질 시아나이드	4.8
인돌	20.6

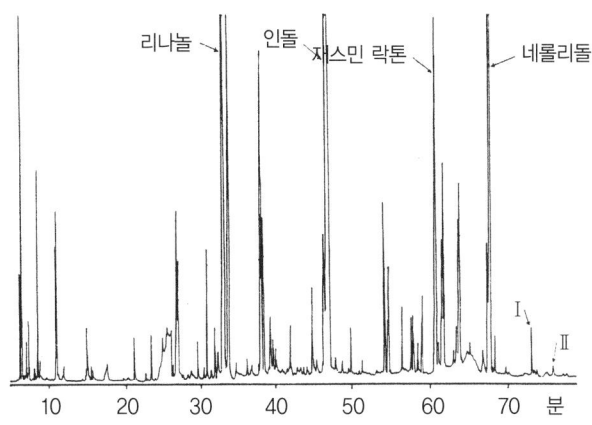

대만산 최고급 포종차의 향기 농축물의 가스크로마토그램(칼럼 : OV-101)

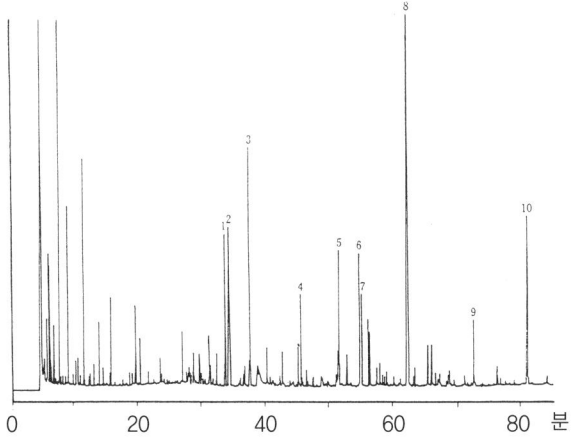

1. 리나롤 2. 롱기페론 3. 3,7-디메틸-1,5,7-옥타트리엔-3-올 4. 파르네센 5. 제라니올
6. 페닐 에탄올 7. 벤질 시아나이드 8. 네롤리돌 9. 재스민 락톤 10. 인돌

중국산 우롱차에 함유된 향기 농축물의 가스크로마토그램(칼럼 : PEG 20M)

차인 시료(SI)의 우린 차액은 관능적으로 달콤한 꽃냄새, 초콜릿을 연상케 하는 향기를 내었으며, 녹차에서의 떫은맛은 없고 부드러우며 시각적으로도 황금색의 기호도 높은 색깔을 나타내었다.

부분발효차의 향기 성분으로는 총 47종의 화합물이 동정되었으며, 동정된 주요 화합물은 3-메틸 부타날, 2-메틸 부타날, 헥센알, 페닐 아세트알데히드, 2-페닐 에탄올, 제라니올, 베타-이오논, 네롤리돌 등이었다.

다음 그림에서 보듯이 녹차와 비교하면 특히 페닐 아세트알데히드와 2-메틸 부타날 등의 함량이 많은 것이 특징이었다. 페닐 아세트알데히드는 2-페닐 에탄올의 산화물로서 라일락이나 히야신스 꽃향기를 갖는 화합물로 이미 보고되고 있으나, 녹차의 향기 성분으로는 거의 동정되지 않았다. 부분발효차에는 3-메틸 부타날과 2-메틸 부타날과 같은 저비점 알데히드의 함량이 높았다. 이 향은 달콤한 초콜릿 향을 낸다고 한다. 부분발효차는 녹차에 비해 수확 시기가 늦은 찻잎을 이용해도 좋

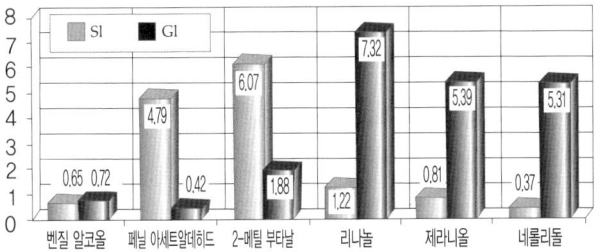

사찰에서 제조한 부분발효차(SI)와 녹차(GI)의 중요한 향기 성분 비교

으며, 보관 기간이 녹차보다 긴 장점을 살려 다양하게 상품화하는 것이 바람직하다고 생각된다.

홍차에 어울리는 것은 레몬인가, 밀크인가?

홍차를 주문하면 레몬 한 조각이 따라 나오는 풍습이 있다. 어쩐지 멋있다는 생각이 든다. 하지만 세계의 홍차 명산지인 스리랑카나 인도의 다르질링 지방에서는 홍차에 아무것도 넣지 않는다. 넣는다고 하더라도 레몬보다는 밀크가 일반화되어 있다. 세계에서 홍차를 가장 많이 애용하는 영국인들도 레몬은 별로 사용하지 않는다. 차나무는 아열대 지방에서 자라는 식물이어서 추운 지방에서는 향이 좋은 차가 생산되지 않는다. 그래서 추운 지방에 사는 사람들이 수입품에 의존하다보니까 하급 홍차를 맛있게 즐기기 위해 레몬이 필요하게 된 것이라고 한다. 홍차의 수많은 향기 성분 중에는 레몬 향의 주성분과 동일한 것도 있다. 이것이 향이 좋지 않은 홍차에 레몬이 어울린다는 과학적인 근거가 된다.

레몬을 넣으면 떫은맛이 약간 줄고, 홍차의 맛이 전체적으로 부드럽게 되는 효과가 있으며, 홍차 특유의 적갈색이 밝아진다.

우유를 넣는 것은 어떨까? 홍차에 우유를 첨가하면 우유의 단백질과 홍차의 타닌이 결합하여 불용성 물질이 된다. 그래서 우유는 홍차의 떫은맛을 제거해주며 타닌에 의해 위가 자극받는 것을 감소시켜 위도 보호해준다.

5부

차를 다양하게 즐기는 방법

홍차 · 우롱차 마시는 방법

 차 하면 다도가 떠오르고 다도(茶道)란 어쩐지 절차가 번거로운 것 같아 차 생활에 선뜻 들어선다는 것이 어렵다는 느낌이 든다. 우선 차를 쉽게 접하는 방법을 택해서 생활화해보자.

❀ 홍차

 홍차의 경우는 서양식 다관이나 찻잔을 사용하는데, 홍차용 찻잔은 커피잔보다 키가 약간 낮고 잔의 둘레가

넓다. 티 머그컵은 입술 닿는 부분이 엷으므로 마시기 편리하다. 홍차용 다관을 사용하더라도 서양식 차 거름망인 스트레이너(strainer)를 사용하면 차를 깨끗하게 거를 수 있다. 손님의 수가 적거나 혼자서 마실 때는 드립이나 인퓨저를 사용하면 편리하다.

드립을 사용할 때는 차를 먼저 넣고 끓인 물을 넣은 다음 찻잎이 펴지면 손잡이를 천천히 눌러 홍차가 우러나면 찻잔에 따른다. 인퓨저는 용기 안에 찻잎을 담아서 찻잔이나 다관에 직접 담갔다가 꺼내는 편리한 기구이다.

홍차를 마실 때는 유리포트와 찻잔, 다관을 준비한다. 열탕(95~99℃)으로 데운 유리포트 안에 찻잎을 넣는다. 차 1잔에 1찻숟갈의 차를 넣고 끓인 물을 넣는다. 뚜껑을 닫고 잠시 기다린 후 차가 우러나면 뚜껑을 열어 스푼으로 찻잎을 한번 약하게 저어 준다.

차 거름망을 사용하여 뜨거울 때 따뜻하게 데운 다관에 차를 붓는다. 이렇게 걸러진 홍차를 찻잔에 고르게 따른다. 각 찻잔에 농도가 균일하게 되도록 처음에는

1/3씩, 1/2씩 돌아가며 따르면서 찻잔의 8할 정도가 채워지도록 한다. 기호에 따라 크림이나 설탕, 레몬 등을 첨가한다. 첫 번째 우린 것은 스트레이트로 마시고, 두 번째부터는 밀크티로 마시는 것도 권장할 만하다.

홍차는 녹차와는 달리 100℃에 가까운 열탕을 사용해도 된다. 홍차의 향기 성분에는 중비점~고비점의 화합물이 많아 홍차 특유의 향기를 즐기기 위해서는 높은 온도의 물이 필요하기 때문이다. 또한 떫은맛 성분인 카테킨류가 중합된 상태이므로 고온에서도 떫은맛이 많이 우러나지는 않는다.

티백을 사용하여 홍차를 맛있게 마시는 방법
① 찻잔을 따뜻하게 데운다.
② 1개의 티백(보통 2g)을 사용한다.
③ 끓인 물을 붓는다.
④ 찻잔받침 등으로 찻잔을 덮은 후 잠시 기다린다.
⑤ 조용히 티백을 잡아당겨 건진다. 찻잔에 물을 부은

후 티백을 이리저리 흔들면서 우려내면 맛이 없다.

맛있는 홍차를 만드는 영국식 비법

① 양질의 찻잎을 사용한다(마시는 사람의 기호에 맞는 차를 선택한다).

② 티포트를 따뜻하게 한다(티포트의 재질이나 형을 참고하여 따뜻하게 한다).

③ 찻잎의 분량을 측정한다(기본은 차 한 잔에 대해 1티스푼의 차를 미세한 차는 보통으로 채우고, 잎이 큰 차는 가득 채운다).

④ 적당히 끓인 물을 사용한다(동전 크기의 거품이 나올 정도로 끓이는 것이 좋다).

⑤ 찻잎이 우러날 시간을 준다(미세한 차는 2~3분, 큰 잎은 3~4분).

우롱차

우롱차를 자주 마시지 않을 때는 녹차 다구를 이용하여도 무관하나, 우롱차를 본격적으로 즐기기 위해서는 우롱차용 다기 세트를 갖추는 것이 좋다. 우롱차용의 다관과 찻잔 등은 매우 작아서 다기를 뜨거운 물로 데우고 몇 번이나 우려 마신다.

우롱차를 간편하게 즐기는 방법은 90℃ 이상의 뜨거운 물을 사용하여 3~5분 동안 우려낸 다음 마시는 것이

여러 가지 차를 혼자 마시는 방법

차의 종류	1인 분량	차 헹구기	초탕	재탕	3탕	4탕
녹차(중급)	3~7g	필요 없음	1~2분	1~2분	1~2분	1~2분
우롱차	3~7g	필요 없음	30초	1분	2분	3분
보이차	3~5g	필요함	1~2분	1~2분	1~2분	1~2분
기문홍차	3~7g	필요 없음	2~3분	–	–	–

- 물의 양은 모두 80~130cc가 적당하다.
- 물의 온도는 녹차의 경우 70~80℃가 좋고, 그 밖의 차는 뜨거운 열탕이면 좋다.

다. 우롱차는 조금씩 자주 따라 마셔야 식지 않아 맛있는 차를 즐길 수 있다.

그 이유는 우롱차의 향기 성분은 비교적 고비점의 것이 많기 때문이다. 또한 우롱차에는 떫은맛 성분인 카테킨류가 녹차의 1/2~1/3 정도로 적고, 그나마도 큰 분자량의 혼합물로 변하여 높은 온도에서도 떫은맛이 별로 우러나지 않기 때문이다.

여러 가지 차
취향에 맞게 블렌딩하기

고급차는 가격이 비쌀 뿐더러 구하기 어려울 때도 있다. 중급 차나 하급 차 또는 오래된 차를 이용할 때 여러 가지 차를 블렌딩하여 마시면 향미가 보충되어 맛있는 차를 마실 수 있다.

여러 가지 차를 블렌딩하여 마시는 방법을 몇 가지 소개해보면 다음과 같다.

- 오래된 녹차에 실론티를 조금 넣어 블렌딩하면 향미가 좋아진다.
- 오래된 홍차에 포종차나 우롱차를 블렌딩하면 꽃향기와 과일 향기가 추가되어 향미가 좋아진다.

- 중급의 다르질링차와 실론티를 블렌딩하면 향미가 증가된다.
- 곰팡이 냄새가 나는 보이차에 재스민차를 블렌딩하면 냄새가 나지 않는다.

홍차 다양하게 즐기기

🏵 밀크티

 밀크티는 영국인들이 즐겨 마신다. 로얄 밀크티를 만드는 방법은 우유와 물을 1 : 1의 비율로 섞어 가열한 후, 끓기 직전에 찻잎을 넣고 불을 끄고 우려낸다.
 가정에서 간단하게 밀크티를 만드는 방법은 다음과 같다.
 ① 신선한 우유를 준비한다(냉장고에 들어 있는 것은 내어놓는다).
 ② 찻잔에 뜨거운 물을 넣어 헹구면 찻잔이 데워진다.

③ 찻잎을 다관에 넣는다.

④ 다관에 뜨거운 물을 부어 3~4분에 걸쳐 진하게 우린다.

⑤ 큰 스푼으로 1스푼 정도의 우유를 넣는다.

⑥ 설탕을 적당히 넣어 마셔도 된다.

밀크티를 응용해서 즐기는 방법도 여러 가지 있다. 찻잎과 함께 신너몬 스틱(계피)을 넣고 우리기도 하고, 스푼 대신에 계피를 잔에 내어 밀크티를 젓기도 한다. 또한 바나나를 3~4mm 두께로 잘라 찻잎과 함께 우리고 차에도 바나나 1~2조각을 넣어도 되며, 아몬드·땅콩·호두 등을 찻잎과 함께 넣어 우려내도 좋다.

🌸 레몬티

세계적으로 자연의 향기가 그윽한 좋은 홍차를 맛볼 수 있는 곳은 한정되어 있다. 그래서 수입에 의존하는

나라 사람들은 홍차에 레몬 향을 첨가하는 것을 생각해 냈다. 레몬을 첨가하면 홍차의 맛이 부드럽게 되고 차액 색도 약간 밝아진다.

레몬티를 만드는 방법은 다음과 같다.
① 레몬티를 만들 때는 독특한 향을 가지지 않는 딤불라, 닐기리, 케냐산 홍차를 선택한다.
② 떫은맛이 나오지 않도록 2~3분 동안만 우려낸다.
③ 얇게 썬 레몬 조각을 먹기 직전에 넣는다.
④ 가볍게 저은 후 레몬을 끄집어낸다.

◎ 아이스티

1904년 미국의 미주리주 세인트루이스에서 열린 박람회에서 인도 홍차의 보급을 위해 인도차 전시관이 열렸다. 그런데 그때가 여름철이라 누구도 뜨거운 홍차를 마시는 사람이 없었다.

그래서 영국인 책임자가 얼음을 부셔서 찻잔에 넣고 홍차를 부어 제공했더니 모든 사람이 이 차가운 음료를 좋아해서 인기를 끌었다. 이것이 아이스티의 시작이었다고 하는데, 미국인들은 계절을 상관하지 않고 아이스티를 즐기는 것 같다.

아이스티를 만드는 방법은 다음과 같다.

① 보통 홍차를 우리는 농도보다 2배의 농도로 우린다. 이때 차의 양을 두 배로 하는 것이 아니라 열탕을 반으로 한다.

② 2배의 농도로 우린 뜨거운 차를 차 거름망을 통하여 다른 포트로 옮긴다.

③ 얼음을 유리잔에 담고 뜨거운 차를 부어 급격히 식힌다. 급격히 식히면 맛이나 향이 도망가지 않아 맛있는 차를 만들 수 있다.

알코올티

술을 사용한 차이다. 자기가 좋아하는 술을 얼마만큼 넣어야 좋은지 알아내는 것이 중요하다. 주로 애프터 디너 홍차를 마실 때 술을 넣는다.

위스키티(whiskey tea)

따뜻하게 데운 잔에 원하는 분량의 위스키를 넣는다. 위로부터 포트에 우려낸 티를 부으면 위스키의 향이 퍼진다. 원하면 설탕을 넣어도 된다. 위스키 대신에 브랜디를 넣어도 좋다.

럼티(rum tea)

따뜻하게 데운 잔에 굵은 설탕과 럼주를 넣고 포트에 우려낸 티를 넣는다. 그 위에 생크림을 띄워도 좋다. 럼주는 브랜디나 위스키만큼 향이 강하지는 않으므로 홍차의 향기와 잘 어울린다. 생크림 대신에 레몬을 넣으면

럼 레몬티가 된다.

🏵 과일티

홍차와 잘 어울리는 과일을 사용하여 과일 홍차를 만들어 본다. 사과, 키위, 오렌지, 딸기 등 제철에 나는 과일을 사용하여 달콤한 향을 즐긴다. 과일의 향을 살릴 수 있도록 떫은맛이 가벼운 홍차를 선택한다.

애플티(apple tea)
사과의 껍질을 벗기지 말고 얇게 잘라서 2~3조각을 찻잎과 같이 포트에 넣어 우려낸다. 잔에 새로운 사과 1~2조각과 소량의 포도주를 넣고 위로부터 홍차를 따른다.

포트 과일티(pot fruits tea)

포트 안에 차와 여러 가지 종류의 과일을 넣고 위로부터 포트티를 넣는다. 이것을 따라 마신다. 오렌지, 사과, 레몬, 키위 등을 사용하면 홍차의 향과 과일의 신맛과 단맛이 잘 조화된다. 여름에 유리로 된 티포트와 찻잔을 사용하면 시원해 보이고 아름답다.

차 고르기

❁ 홍차

국산 홍차는 녹차에 비해 종류가 많지 않다. 그래서 홍차는 수입품이 많다. 수입품은 종류가 다양하기 때문에 어떤 차를 구입해야 되는지 모르는 경우가 많다. 이럴 경우 마시는 용도에 따라 차를 구입해야 한다. 가격이 높다고 꼭 품질이 좋은 것은 아니다. 매일 부담없이 마시기 위해서는 향이 떨어지더라도 값이 비교적 저렴한 것을 산다. 그러나 접대용이나 선물용일 때는 비교적 비싸고 향이 좋은 것을 고른다. 참고로 국산 홍차의 가

일본과 중국이 합작 연구하여 만든 우롱차 제품들

중국의 여러 가지 보이차

중국의 백호은침차

격은 녹차 중작 정도의 가격이다. 홍차를 구입할 때는 유통기한을 반드시 확인한다.

◎ 우롱차와 포종차

우리나라 사람들의 기호에 맞는 국산 우롱차는 드물다. 우롱차도 홍차처럼 수입품이 많다. 종류에 따라 모양이나 색깔이 다르지만 몇 번 우려 마셔도 향기가 남아 있는 것이 좋은 제품이다. 이 향기 중에는 독특한 건과 향이 포함된다.

좋은 제품은 잎을 펴 보면 찻잎의 가장자리가 적갈색이다. 찻잎 가운데는 암록색이나 갈록색이 되어 있고 가장자리가 선명한 색깔을 띠는 것은 반발효 공정이 잘 일어난 것이다. 또 맛을 보았을 때 쓴맛과 떫은맛이 강하지 않고 원숙미가 있으며 뒷맛에 단맛이 나는 것이 좋은 제품이다.

다구 고르기

 필자는 차의 성분 및 약리 효과를 다년간 연구하며 자연스러운 차 생활을 즐겼으나, 다구에 대해서는 깊은 관심을 가지지 않았다. 그러나 차 생활이 깊어질수록 다구에도 자연히 눈을 돌리게 되었다. 우연히 박물관에 있는 서점에서 신라와 고려, 조선시대의 찻잔에 관한 책을 보았는데, 그때 옛날 다구의 아름다움에 매료되었다.
 다구에는 전통의 형태를 지닌 다구, 현대식 다구, 외국의 다구가 있고, 이들 다구의 모양 · 색깔 · 크기 · 가격 등이 각각 다양해서 다구의 종류는 수없이 많다.
 차 생활을 처음 시작하는 사람은 말할 것도 없고 차

생활에 익숙해 있는 사람도 다구를 선택하는 일이 쉽지는 않을 것이다. 다기는 1인용, 2인용, 5인용 등이 있으며 시중이나 다구점에서 쉽게 구할 수 있다. 백화점에서는 차가 들어 있는 다기 세트를 쉽게 볼 수 있는데, 우선 찻잔, 차와 물을 담는 다관(茶罐), 찻숟가락, 보온병 등만 있으면 기본적인 현대식 차 생활은 가능하다.

찻잔의 종류는 매우 다양하다. 찻잔의 모양은 입구 쪽이 바닥보다 약간 넓은 것이 마시기에 편하다. 찻잔의 색깔은 차의 아름다운 색깔을 잘 표현할 수 있는 흰색이 무난할 것이다. 찻잔의 크기는 고급 차는 크기가 작은 것을 고르고, 보통의 차 생활에서는 비교적 큰 것을 선택한다.

1인용 찻잔은 차 거름망인 용수란 것이 들어 있는 것을 선택하는 게 좋다. 그러면 혼자서 다관을 사용하지 않고도 편리하게 차 생활을 할 수 있다. 차 거름망이 들어 있는 1인용 찻잔 중에서 아주 높은 온도에서 제조된 바이오 세라믹 재질의 것은 기(氣)를 모아서 차를 마시기에 적합하다고도 한다.

다관은 차를 우려내는 데 쓰이며 차주전자 모양을 하고 있는데, 이 역시 많은 종류가 있다. 손잡이의 위치가 위쪽에 있는 것도 있고 옆쪽에 있는 것도 있다. 막대기 같은 손잡이가 앞에 달려 있는 것도 있고, 아예 손잡이가 없는 조그마한 다관도 있다.

다관의 재질도 금속으로 된 것과 스테인리스로 만들어진 것 등 다양하지만 도자기가 가장 실용적이다. 안에 차 거름망이 있더라도 깨끗하게 차를 마시기 위해서는 밖으로 손잡이가 달린 차 거름망을 한 번 더 사용하는 것이 좋다. 차 거름망은 작은 대나무관에 삼베망으로 처리한 수제품도 있다. 또한 나일론이나 폴리에틸렌으로 촘촘하게 되어 있어 차액이 깨끗하게 나오는 차 거름망이 부착된 세련된 현대식 다관도 있다.

우리의 전통 다구로는 물을 식히는 물식힘사발(귓대사발 또는 숙우(熟盂))이 있으며, 뚜껑이 없는 찻잔을 사용할 때는 차탁(찻잔받침)이 필요하다. 차탁은 도자기, 대나무, 등나무, 향나무 등으로 만든다.

찻숟가락도 용도에 따라 여러 가지가 있다. 전통 찻숟가락으로 대나무를 반쪽 자른 모양으로 된 것을 차칙이라고 한다. 차칙은 우전처럼 어린 잎을 그대로 만든 차를 다관에 넣을 때 부서지지 않도록 조심스럽게 떠서 굴려 담는 데 사용된다.

찻물을 끓일 때 쓰는 주전자는 탕관(湯罐)이라고 한다. 그 밖의 전통 다구로는 물버림사발, 헹굼그릇, 차호(찻통의 차를 우릴 만큼만 넣어두는 작은 항아리), 뚜껑받침, 차반, 차포, 차선(가루차를 저어 거품을 내는 기구), 차굵게 등이 있다. 전통 다도를 즐기기 위해서는 물항아리나 탕관, 찻병(끓인 찻물을 담는 병), 차솥 등을 갖추어 사용하면 한결 운치가 있을 것이다.

▲ 옛 다관과 헌다용 찻잔(최정수 제공)
◀ 다구점에 진열되어 있는 다구들(다경상사)

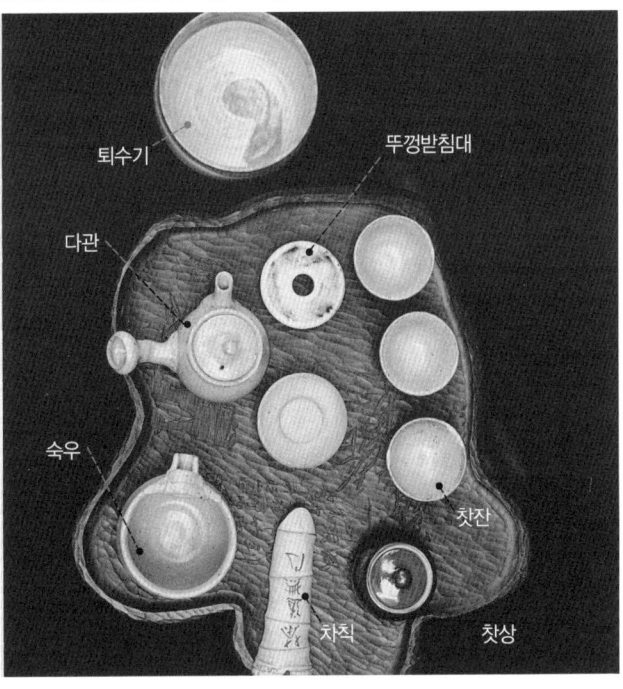

여행용 다기
(위쪽 맨 왼편)
와 여러 가지
1인용 다기들

농도를 엷게
하여 물처럼
자주 마실 때
어울리는 찻잔

뚜껑이 없는
찻잔에는 찻잔
받침을 사용해
도 좋다

말차를 달인 모습

5인용 다기(뚜껑받침, 앞손잡이 다관, 물식힘사발, 찻잔 5개)

중국의 우롱차 찻잔 및 다관

1인용 다기

2인용 다기

3인용 다기

차 보관하기

　차를 변질시키는 요인은 습도, 온도, 산소, 광선(특히 자외선), 다른 식품으로부터의 향의 이동 등이다. 차를 오래 보존하면 점점 신선한 향이 사라지고 색깔도 변하며 맛이 떨어진다. 그리고 예외도 있지만 대체로 재스민차, 녹차, 홍차 등은 우롱차나 흑차에 비해 저장성이 떨어진다.

🏵 보존 용기

차는 밀폐된 캔, 자기 및 플라스틱 용기 등에 보관하는 것이 좋다. 이때 용기에 다른 냄새가 없는지 살펴본다. 나무통은 냄새가 있고 통기성이 있으므로 차의 보관에 적합하지 않으며, 비닐 역시 냄새가 있으며 약간의 통기성이 있어 피하는 것이 좋다. 은박지(알루미늄 포일)로 된 것은 한 번 사용하고 난 후 윗부분을 잘 접어서 공기가 통하지 않도록 한다.

보관 장소는 햇빛이 직접 쬐지 않고 건조한 곳을 선택한다. 밀폐 용기에 두면 상온에서도 비교적 오래 보관할 수 있다. 냉장고에 넣으면 오래 보관할 수 있지만 일단 개봉한 것은 냉장고 안에 있는 온갖 식품 냄새가 차로 이동하므로 적합하지 않다.

❀ 티백

 티백으로 된 제품은 개봉 후에 습기가 들어가지 않도록 반드시 전체를 밀폐용기에 담아두어야 한다. 홍차는 기간이 지나도 몸에 해로운 것은 별로 없으므로 오래 된 것은 과일 티나 알코올 티를 만들어 마시면 된다. 보관할 때는 탈취제를 넣어둔다.

 우롱차는 제조 후 1년이 경과해도 녹차나 홍차에 비해 풍미가 쉽게 떨어지지 않는다. 무이암차는 2~3년 저장된 것이 좋다고 하며, 흑차는 20~30년 저장된 것이 오히려 부드럽고 풍미에 깊이가 있다고 평가되기도 한다.

옥로차(玉露茶)와 옥록차(玉綠茶)

• 옥로차

일본에서 기원한 차로, 일반 증제차와는 달리 찻잎을 따기 전에 볕가리개를 씌워 광선을 차단시켜 재배한 차이다. 햇빛을 차단함으로써 떫은맛을 내는 카테킨이 줄어들고 감칠맛을 내는 테아닌 등의 아미노산이 증가하여 차의 맛이 뛰어나고 엽록소가 증가하여 색깔이 아름답다. 가루차(抹茶)를 만드는 데 이용된다.

볕가리개를 씌워서 옥로차를 재배하는 모습
(자료 : 《설록차지》, 2001)

• 옥록차

제조 공정 중에서 먼저 증제차와 같이 증기로 쪄서 효소를 불활성화시킨 뒤 증제차의 정유 공정 대신 차 모양을 덖음차와 같이 만들어줌으로써 독특한 풍미를 내게 한 차이다.

6부
세계의 차 풍습

나라마다 다른 차 문화

차 생산국마다 토질이나 기후 및 만드는 방법 등이 달라 세계적으로 다양한 종류의 차가 만들어지고 있다. 마찬가지로 나라마다 차 풍습 또한 다양하다. 이 장에서는 차를 즐겨 마시는 나라들의 차 풍습을 살펴보기로 하자.

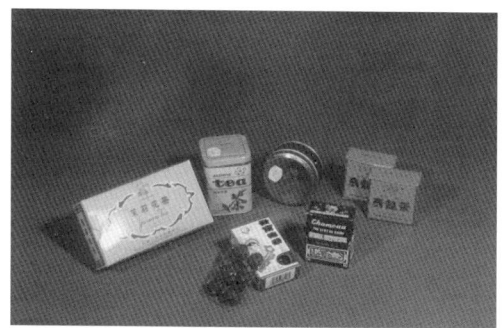

중국의 각종 차 제품

중국의 차 제품
(상해의 슈퍼마켓)

터키의 차 제품
(터키의 슈퍼마켓)

영국

 영국은 세계에서 차를 가장 많이 소비하는 나라의 하나이다. 영국은 인도나 중국 혹은 스리랑카에서 수입한 홍차를 가공하고, 블렌딩하여 세계의 홍차 시장을 석권하고 있다.

 영국인은 '티타임'이라는 말을 사용하고 있다. 오전 6시의 얼리 티(early tea, bed tea)로부터 하루가 시작되는데, 이 차만은 남편이 부인에게 만들어준다. 아침식사와 함께 하는 브렉퍼스트 티가 있고 오전 11시의 일레븐스 티(elevenses tea), 오후에 간식을 먹으면서 마시는 미디 티 브레이크(middy tea break)가 있다. 오후 4시의 티타임은 부인들의 사교 시간이 된다.

그때는 정치 등 사회 문제를 화제로 삼기보다는 여자다운 우아한 화제를 가지고 주로 얘기한다. 저녁식사를 마치고 여유 있게 마시는 차는 애프터 디너 티(after dinner tea)이며, 잠자리에 들기 전에 나이트 티(night tea)를 마시는 것으로 하루의 티타임이 끝난다.

끓는 물을 넣어 포트를 데운 후 물을 버리고 여기에 홍차를 사람 수만큼 넣고 1스푼 더 넣는 것이 맛을 내는 비결이다. 물이 끓고 있는 주전자가 있는 곳에 포트를 가지고 가서 끓는 물을 붓고 그냥 마시든지, 찬 밀크를 넣으면 맛이 한결 부드러워진다. 그 이유는 차의 타닌과 우유의 단백질이 결합하여 불용성 물질을 형성해서 떫은맛을 감소시켜주기 때문이다. 그러나 크림은 지방이 너무 많기 때문에 넣으면 홍차맛이 덜하다.

차를 우리는 시간은 2~5분 가량이다. 대체로 좋은 차는 빨리 우리고, 값이 싼 차는 오래 우린다고 한다(닐기리나 스리랑카의 차는 2~3분, 블렌딩 차는 3~4분). 그러나 좋은 차라도 다르질링같이 찻잎의 크기가 큰 것은 시간이 좀 걸리므로 4~5분 동안 우린다. 설탕이 필요한 사람은 백설탕을 넣는다.

영국에서는 하루 내내 티 타임이 계속되지만 오전 6시의 베드 티를 제외하고는 부인이 차 서비스를 한다. 포트는 부인의 전용 기구로 남편이 가지고 다니는 일은 거의 없다. 스리랑카나 인도 사람들과 마찬가지로 영국인도 홍차에 레몬을 거의 넣지 않는다.

홍차의 향기 성분 중에는 꽃향기를 나타내는 재스민락톤, 메틸 재스모네이트 이외에 레몬 향의 구성 성분과 동일한 것이 몇 가지 있다. 하급 홍차에 레몬을 넣으면 향기가 좋아지나 좋은 홍차에는 오히려 역효과를 낸다.

영국에서는 홍차에 레몬을 얹어 가지고 손님에게 내면 '이 홍차는 품질이 좋지 않은 차'라는 뜻이 된다고 한다. 그러나 이것은 어디까지나 차의 향기만에 국한된 얘기이고, 홍차에 레몬을 넣음으로써 산뜻한 신맛을 즐길 수도 있다.

중국

"과연 차 문화의 발상지이구나!"라고 할 정도로 중국은 차의 종류가 다양하다. 슈퍼마켓이나 차 전문점에는 차의 종류가 너무 많아 고르기가 힘들 정도이다. 복건성과 광동성 지역에서는 주로 우롱차를 마시고, 양자강 이남에서는 녹차나 홍차를 마시며, 산동성 이북에서는 재스민차를 주로 마신다.

차의 종류와 지역에 따라 차를 마시는 풍습이 다양한데, 외국인들에게 특히 알려진 것으로는 부분발효차인 우롱차를 꼽을 수 있다. 중국인들이 지방분이 많은 중화요리를 부담없이 먹을 수 있는 것은 우롱차의 덕택이라

상해에 있는 호심정 찻집에서 손님을 위해 연주하는 모습

고 한다. 우롱차의 다기 세트를 보면 매우 특이하다. 다관과 조그마한 찻잔이 받침그릇 안에 함께 들어 있다. 우롱차의 찻잔은 작은 것이 특징인데 받침그릇의 높이는 찻잔의 높이와 같다.

 맛있는 우롱차를 우리려면 다관과 찻잔에 뜨거운 물을 부어 데운 후 물을 버리고 다관에 찻잎을 넣고 뜨거운 물을 부어 2~3분 기다린다. 다관 위로도 뜨거운 물을 계속 부어 다관이 식지 않도록 한다. 이때 부은 물이 받침그릇 안에 모이게 한다. 찻잔에 넣었던 물을 받침그릇에 붓고 찻잔에 차를 나누어 부어 마신다.

상해에서 유명한 '호심정'이라는 찻집에 가보니, 1층에서는 다구 등을 판매하고 2층에서는 차를 판매하였다. 그 찻집에서는 투박한 찻잔에 찻잎이 들어 있는 채로 뜨거운 물을 부어주었다. 차와 함께 따라 나온 것은 육우가 쓴 《다경》 모양을 본뜬 축소판 책자와 우리나라의 맥주 안주를 연상하게 하는 마른 새우와 콩 제품 등이었다. 한쪽에서는 일정한 시간이 되니 남성들로 구성된 연주팀이 중국의 전통 악기를 연주해주었다. 중국에서는 어디를 가나 식사 때마다 어김없이 차를 볼 수 있었다.

일본

 일본도 차의 종류와 계절 그리고 지역에 따라 차를 마시는 풍습이 다양하지만 녹차가 대중화되어 있다. 일본에는 다도에 이용되는 말차, 산뜻한 맛과 향기를 가진 옥로와 전차, 부담없이 마실 수 있는 번차, 식당에서 나오는 호우지차 등이 있다.

 일반 가정에서는 숙우(잎차형 탕수를 식히는 사발)를 사용하지 않고 다관에 차를 넣고 끓인 물을 넣어 차가 우러 나오면 따라 마시는 간편한 방법을 따르고 있다. 그러나 다도에서는 격식을 모두 갖춘다.

 문인들이 모여서 마시는 문인전법(文人煎法)은 다관받

일본의 다도실

이(다관 높이의 약 1/2이 되는 그릇)가 있어서 다관에 찻잎을 넣고 뜨거운 물을 가득 담아 뚜껑을 닫고 다관의 물이 빨리 식지 않도록 뚜껑 위로도 끓는 물을 계속 붓는 것이 특징이다.

흐르는 물은 다관받이에서 받으나 찻잔은 들어 있지 않다. 찻잔은 사람 수만큼 쟁반에 일렬로 세운 후 차를 차례로 부어 나간다. 물을 붓는 것이 끝나면 한 잔씩 찻잔에 받쳐 손님에게 권한다.

일본의 차 산지인 시즈오카현이나 후쿠오카현에 가면

일본의 다도 모습

관광객이 5,000원 미만의 입장료를 내고 다실에서 차를 즐길 수 있는 곳이 여러 군데 있다. 차 체험랜드 혹은 티 월드(tea world)라는 곳이 있어 차 제조 공정을 견학하는데, 차를 만드는 계절에는 차를 직접 만들어 보거나 차가 들어간 식사를 즐길 수 있으며 차를 구입하기도 한다.

이 모든 것과 아울러 차의 역사와 종류 및 제조 공정 등을 한눈에 볼 수 있도록 전시장까지 마련된 차 문화관이나 차명관(茶茗館)을 운영하여 관광 코스로 하는 등 차를 생활화하고 있다. 또한 차 축제도 개최하여 다도 시범 및 심포지엄이 열리기도 한다. 녹차를 전문적으로 연구하는 곳도 몇 군데 있다.

일본의 전통 다도실에 들어가는 문은 매우 좁아서 옛날에는 사무라이들도 칼을 벗어놓고 들어갔다고 하는데, 이것은 다도가 만인 앞에 평등하다는 뜻이라고 한다. 녹차가 이처럼 생활화되어 있지만 최근에 자판기의 보급 등으로 인해 젊은층들은 차를 끓여 마시기보다 캔이나 용기에 들어 있는 것을 사 먹는 경우가 많아졌다. 특히 중국으로부터 수입된 우롱차가 일본 여성들에게 다이어트 음료로 각광을 받고 있다.

일본에서는 녹차의 소비량이 조금씩 감소하는 대신에 우롱차의 소비가 급격히 늘어 전체 소비량의 절반 이상을 우롱차가 차지하고 있다. 녹차의 건강 증진 효과가 과학적으로 밝혀지면서 좀 더 효용성 있게 녹차를 이용하기 위해 녹찻잎을 가루로 해서 식용하는 방법이 널리 활용되고 있다.

대만

대만에는 약 200여 년 전 중국의 복건성에서 차가 유입되었다고 한다. 여기에는 복건성 일대로부터 새로운 품종과 제조 기술이 도입됨과 더불어 차의 재배와 육종에 관한 전문가들이 이주해온 데도 기인하고 있다고 한다.

기후적으로 차 재배에 적합한 아열대 지역에 위치해 있는 관계로 대만에서 차는 중요한 농산물이다. 대만은 차의 재배 면적도 비교적 넓고 재배 지역도 표고 1,500미터까지 분포되어 있다. 기후 특성상 고산지에서 재배된 차가 향미가 뛰어나 고급 차로 각광받고 있다.

대만에서는 위생적이고 차 침출이 간편하다고 하여 티백 형태의 소비가 늘고 있다. 특히 학생들을 비롯한 젊은 층에서 티백과 캔 차를 선호하며 타이베이나 타이난과 같은 대도시에서는 차 셰이크 음료가 널리 이용되고 있다. 거의 모든 차 셰이크 상점들이 차 셰이크 음료를 진열해놓고 있으며, 차 셰이크의 제조에 홍차뿐만 아니라 녹차, 재스민차, 포종차, 우롱차가 이용되고 있다.

대만성차업개량장(臺灣省茶業改良場)이 있어 차 산업의 현대화 및 기술지도 등을 전담하고 있다. 대만은 과학기술을 동원하여 차 산업을 발전시켜 경제적으로도 중요한 몫을 차지하고 있다. 아울러 다예(茶藝)와 관련한 문화행사 등을 지속적으로 열어 국민의 정서 함양의 차원에도 그 비중을 두고 있는 점이 매우 부럽다.

러시아

 러시아는 홍차의 대소비국이지만 차 풍습은 영국과 조금 다르다. 영국처럼 차를 대접하기 위해 사람을 초대하는 일은 없다. 그러나 가정의 식탁에는 항상 사모바르(samovar, 러시아 전래의 특유한 기구로서 물을 끓이는 데 쓰며 금속 제품과 도자기 제품이 있다)라는 대형의 주전자와 포트, 찻잔이 준비되어 있다. 포트를 따뜻하게 보온하기 위해 커버를 덮어둘 때도 있다.

 마시는 방법은 우선 포트에 진한 홍차를 만든다. 이것을 찻잔에 1/4가량 넣고 사모바르의 꼭지를 틀어 뜨거운 물을 부어 농도를 조절해가며 묽게 한다. 마실 때는 레몬을 넣기도 하지만 벌꿀이나 잼 등을 넣는 일이 많다. 날씨가 추우니까 뜨거운 것을 후후 불면서 잼을 혀로 핥아가면서 마시는 일도 있다. 비스킷에 잼을 발라 같이 먹기도 한다. 러시아에서는 벌꿀 등 첨가물을 많이 넣으므로 홍차 특유의 향기를 즐긴다기보다 차 카페인의 각성 작용만을 즐기는 결과가 되는 것 같다.

각 가정마다 사모바르의 물은 항상 뜨겁게 준비되어 있고, 몸을 따뜻하게 하기 위해 럼주나 보드카를 차에 넣어 마시는 일도 있다. 달리는 열차에도 항상 뜨거운 홍차가 준비되어 추위를 덜어주고 있다.

티베트

티베트에서는 차에 버터를 넣어 마신다. 운남 지방에서 생산되는 찻잎을 쪄서 긴압차(덩어리차)를 만들고, 이것을 잘라 차를 끓이고 나서 찻잎은 걸러낸다. 소금과 버터, 깨, 호두 등을 넣은 나무통에 찻물을 붓고 나무봉으로 섞어서 마신다.

티베트인들은 이 버터차를 나무그릇(木椀)에 넣어 두고 하루에 20~30잔을 마신다. 버터차는 맛이 강해서 익숙하지 않은 사람들은 마시기 좋지 않지만 추위가 심한 고원 생활에는 삶의 활력을 주는 차이다.

몽고

몽고인들은 긴압차를 잘라 솥에 넣고 끓인 후, 찻잎을 거르고 난 다음 소금과 양젖을 넣어 마신다. 이것을 양차(羊茶)라고 한다. 티베트의 버터차와 닮았지만 양이나 염소고기를 즐겨 먹는 몽고인들은 이 양차에 육류를 넣어 삶아 먹기도 한다. 차는 이들 육류를 부드럽게 해주고 특이한 냄새도 제거하는 역할을 한다.

몽고 사람들은 채소의 섭취량이 많지 않은데 차를 마심으로써 비타민도 보급하고 육식에 의해 몸이 산성화 되는 것을 중화시키는 데도 도움이 되니, 매우 과학적이라 하겠다.

미얀마

미얀마에는 야생의 찻잎을 유산 발효시켜 김치처럼 보존하는 소수민족이 있다. 옛날에는 부족의 축제 때나 손님이 왔을 때 귀중한 음식으로 취급했으나, 요즘은 시장에서 식료품으로 팔리고 가격도 싸다고 한다. 가정에서는 큰 접시의 가운데에 이것을 담고 가장자리에 깨, 기름, 마늘, 소금, 콩, 땅콩, 생강, 마른 새우 등을 준비하여 같이 먹는다.

태국

태국, 미얀마, 라오스와의 국경 지대에 사는 산악 민족에게는 미앙(miang)이라고 하는 씹는 차가 전한다. 야생 차나무 잎을 모아 돌로 눌러 발효시켜 바나나 껍질에 싼 것이다.

태국 사람들은 이것을 껌처럼 씹기도 하고, 껍질 안의 차를 끄집어내어 불에 쬐어 건조시킨 후 열탕에 넣어 차 액에 소금을 넣어 마신다.

우크라이나공화국

　우크라이나공화국은 과일이 풍부한 나라로 잼과 마멀레이드를 홍차와 같이 즐긴다. 즉, 진하게 우려낸 홍차에 레몬을 띄우고, 잼이나 마멀레이드는 다른 접시에 낸다.

터키

 실크로드의 종착역이라 불리는 터키에서는 예부터 홍차가 사랑을 받아왔다. 19세기 말에는 도시의 유복한 사람들이 즐겨 마셨지만, 자국산 홍차가 대량으로 생산된 1970년대 이후로는 농촌 지역에서도 차를 즐길 수 있게 되었다. 한때 커피 수입을 금지한 탓도 있으나 커피의 수입 금지가 해제된 지금도 홍차의 소비량은 매우 커서, 한 사람이 1년에 2kg 이상의 차를 소비하고 있다. 식사 후에는 항상 차를 마시고, 손님이 왔을 때도 케이크나 페이스트리와 함께 차를 서비스한다.
 터키인들은 홍차를 마실 때 꼭 2단으로 붙어 있는 포

트를 준비한다. 아래쪽의 포트에 물을 넣고 뚜껑이 있는 위쪽 포트에 과일을 넣기도 한다. 아래쪽의 물이 끓으며 위쪽으로 가고 진한 차가 우러나온다. 마실 때는 진하게 우려낸 홍차를 작은 유리잔에 따르고 포트 아랫부분의 뜨거운 물을 부어서 농도를 묽힌다. 이때 각설탕을 넣고 스푼으로 소리를 내면서 저은 후 마신다. 레몬이나 밀크는 넣지 않는다.

미국

　미국의 아이스티는 유리잔에 얼음을 채우고 홍차를 넣은 다음 레몬을 얇게 저며서 띄워 마시는 것으로, 여름에 시원한 청량감을 느낄 수 있다. 또한 레몬은 차의 색깔에도 관여한다. 홍차액의 색을 내는 색소는 타닌이 변화한 테아플라빈과 테아루비긴인데, 테아루비긴은 산성에 의해 적색이 밝아지는 성질을 가진다. 따라서 레몬을 넣으면 차액색이 밝게 된다.

베트남

베트남도 차 생활의 역사가 깊다. 그들은 일상생활에서 차를 즐긴다. 그들이 이용하는 찻잔은 적으며 차를

베트남의 홍차

뜨겁고 진하게 마시는 편이다. 손님으로 갔을 때 찻잔이 작더라도 한 번에 마시지 말고 향과 맛을 즐기면서 천천히 마셔야 한다. 차과자나 우리나라의 다식 같은 것이 함께 나오는 경우가 많다.

7부
현대인을 위한 건강차

전통차 대용으로 인기 있는 차

 세계 각국에서는 그 지역에서 자라거나 생산되는 식물의 잎, 꽃, 종자, 줄기 및 나무껍질 등을 이용하거나 그 밖의 다른 자연 소재로 만든 대용 차들을 많이 이용하고 있다.

 서양에서는 이런 대용 차를 주로 허브티라고 한다. 이런 차들은 특정한 질병에 좋다고 해서 민간 약으로 사용되어 왔기에 건강차 혹은 약용차란 이름으로 전해내려왔다. 또한 기호도가 높아서 전해내려오는 민속차도 있고, 경제성 때문에 커피나 차의 대용품으로 사용되는 예도 있다. 현재 상품화되어 시판되고 있는 대용 차들도 있다.

  그러나 아직은 녹차나 홍차, 우롱차에 비해 연구된 것이 부족한 탓에 효능이 덜 밝혀져 있고 소비량도 적다. 하지만 일부 대용 차는 많은 사람의 관심을 끌며 소비가 되고 있고 연구도 진행되고 있다.

  요즘은 많은 음료들이 앞다투어 기능성을 강조하며 홍보되고 있다. 차의 경우는 잎이나 식물체의 어떤 부분을 우린 액을 마시게 된다. 잎 자체의 성분을 분석해보면 영양 성분이나 기능성 성분이 우린 액보다 월등하게 많다. 따라서 차에는 각종 성분이 식물체 자체에 들어 있는 양보다는 적게 들어 있다. 녹차, 홍차, 우롱차는 말할 것도 없거니와 건강차라고 해서 질병을 치료하는 약으로 생각하는 편중된 사고는 바람직하지 않다.

  자연을 소재로, 위생적으로 만든, 자기 몸에 맞는 차를 선택하여 바른 식생활과 더불어 자연스럽게 물 대신에 섭취하는 기분으로 마시는 것이 좋을 것이다. 또한 심신이 피로할 때 피로를 풀어줄 수 있는 기분 좋은 기호음료로 생각하는 것이 바람직할 것이다.

 이 장에서는 수많은 종류의 대용 차 중 최근 많은 사람이 관심을 가지고 있는 둥굴레차, 치커리차, 선옥죽차, 동규자차, 감잎차에 관하여 필자의 연구 결과를 중심으로 성분과 효능을 소개하고자 한다.

둥굴레차

둥굴레(*Polygonatum sp.*)는 전국 각지에서 자생하는 백합과의 다년생 식물로서 일본, 중국 등지에도 분포한다. 그 뿌리는 위유, 옥죽 등으로 불리며 용둥굴레, 왕둥굴레, 산둥굴레, 각시둥굴레 등 우리나라에 자생하는 둥굴레속 식물은 20여 종이나 된다. 서양에서도 이것을 솔로몬의 증표(Solmon's Seal)라 하며 신비스러운 약초로 여겨왔고, 중국에서도 효험이 있는 영약으로 취급해 왔다.

둥굴레는 뿌리(땅속줄기)를 주로 이용하며 한방과 민간에서 자양 강장 및 병후 허약 등의 질병을 예방하고 치료하는 데에 사용해왔다. 엄밀하게 따지면 둥굴레의 종류에 따라 성분과 약효가 약간 다를 수가 있지만, 뿌리에 들어 있는 성분은 대부분 전분이고 당, 아미노산, 배당체인 디오스게닌(diosgenin), 스테롤(sterol)과 점액질도 있다.

둥굴레류는 전국적으로 분포되지만 주로 지리산 일대에서 자생하는 둥굴레의 뿌리를 이용한 차가 상품화되어 많이 유통되고 있다. 둥굴레차는 제조 공정에서 높은 온도로 덖어주기 때문에 덖는 과정에서 숭늉처럼 구수한 냄새가 생성된다. 그 구수한 향기가 우리나라 사람들의 기호에 맞아 매년 그 생산량과 소비가 늘고 있는 추세이다. 현재 둥굴레의 인공 재배와 향미 및 효능에 대한 과학적인 연구가 이루어지고 있다.

필자는 둥굴레차에서 구수한 냄새를 내는 성분이 숭늉의 성분과 같은 것인지 궁금했다. 그래서 지리산 일대에서 생산되는 둥굴레차 시판품으로 향미 성분을 분석하고 그 향미 성분이 어떻게 생성되는지 알아보았다.

향기 성분을 분석한 결과 2,6-디메틸 피라진, 트리메틸 피라진, 3-에틸-2,5-디메틸 피라진 등의 알킬피라진류 9종과 푸르푸릴 알코올등의 알코올류 4종, 푸르푸랄 등의 알데히드류 2종, 2-아세틸피롤 등의 피롤류 2종, 2-아세틸푸란 및 디하이드로-2(3H)-푸라논을 포함한 락톤류 3종 등 총 32종의 화합물을 밝혔다.

2,6-디메틸 피라진, 트리메틸 피라진, 3-에틸-2,5-디메틸 피라진 등의 알킬피라진류는 현미녹차에서 현미를 볶을 때 생성되는 향기 성분과 대체로 일치하였으므로, 숭늉 냄새나 곡류를 볶을 때 나는 냄새와 같은 메커니즘으로 생성된다는 것이 밝혀졌다. 현미녹차에서 없었던 독특한 종류의 피라진도 둥굴레차에 있었다.

곡류를 볶을 때 생성되는 향기 성분이 형성되는 주요한 경로 중 하나는 비효소적 갈변 반응이다. 이 반응은 당 화합물과 아미노 화합물의 가열 반응에 의해서 일어나며, 온도가 높아질수록 반응 속도가 급속히 빨라진다. 둥굴레차는 구수한 맛과 향기가 나고 갈색을 띠는데, 이러한 향미 성분은 가공 중에 일어나는 갈변 반응에 의해 생성된다.

둥굴레차의 유리아미노산을 분석한 결과 트레오닌이 51.6%로 가장 많은 함량을 나타냈고, 페닐 알라닌이 12.4%, 티로신이 8.3%를 차지했다. 그 중 단맛을 가지는 트레오닌이 당류와 아울러 둥굴레차의 단맛에 기여한다고 생각된다.

둥굴레의 뿌리는 단맛이 나고 단맛에는 포도당과 과당 등이 관계한다. 또 콘발라마린(Convallamarin)과 콘발라린(convallarin) 등의 약리 성분이 들어 있어 혈압 강하, 강심 작용, 혈당 강하의 약효가 있다고 알려져 있다.

동물실험에서는 둥굴레 추출물이 흰쥐에 대해 혈당을 낮추는 효과가 있다는 것과, 왕둥굴레의 에테르 추출물이 동물의 혈당을 강하시키는 효과가 있음이 밝혀졌다.

치커리차

치커리(*Cichorium intybus*)는 잎이나 뿌리를 이용하는 심근성 여러해살이풀이다. 유럽, 시베리아, 북아프리카, 중앙아시아에 걸쳐 넓게 분포되어 있을 만큼 환경 적응력이 강한 식물이다. 이른 봄에 싹이 나오는데, 연한 싹은 샐러드로 이용된다.

17세기에 유럽에서 재배가 시작되어 독일과 프랑스에서는 큰 뿌리를 건조해서 볶아 분말로 만들어 커피의 대용품으로 마시거나 커피에 섞어 먹었다. 우리나라에서는 강원도 일대에서 주로 재배되고 있으며, 뿌리를 가공하여 차를 만들어 커피에 섞거나 그대로 유통되고 있다.

치커리 밭

　제조 방법은 회사마다 조금씩 다르지만 일반적으로 원료를 선별하여 세척한 후 높은 온도로 덖어주는 공정을 거친다. 치커리차에 함유된 향기 성분은 가공 중의 가열에 의해 생성되는 갈변 반응에 의해 만들어진다. 그래서 치커리차는 둥굴레차와 유사하게 구수한 향기를 가지고 있고 갈색을 띤다.

　치커리차는 구수한 향을 내므로 현미녹차나 둥굴레차와 마찬가지로 숭늉에 길들여져 있는 우리나라 사람들의 기호에 적합한 차다. 필자의 실험실에서 향을 분석한 결과 치커리차는 뿌리를 사용하는 점과 제조 방법이 둥굴레차와 유사해서인지 둥굴레차의 향과 일치하는 성분들이 많았다. 즉, 알킬 피라진류 10종과 산 종류 7종, 푸르푸랄 등의 알데히드류 4종, 푸르푸릴 알코올 등의 알코올류 2종, 2-아세틸피롤 등의 피롤류 3종, 2-아세틸푸란 및 락톤류 2종과 기타 3종 등 총 32종의 화합물이 밝혀졌다.

치커리차는 높은 온도에서 덖어 만들기 때문에 덖는 과정에서 구수한(nutty) 냄새, 구운(roasted) 냄새, 토스트(toasted) 냄새 등으로 표현되는 향기 성분이 많이 생성된다. 이런 냄새는 주로 피라진류 때문이며 현미녹차에는 없는 종류의 피라진도 치커리차에 있었다.

락톤류는 자연계에 흔히 있는 비교적 향기가 좋은 화합물인데, 치커리차에서 동정된 감마부티롤락톤은 달콤하고 버터와 같은 냄새가 느껴지며, 마른 버섯이나 팝콘, 파인애플 등에도 들어 있다.

치커리차는 전체적으로 둥굴레차보다 탄 냄새가 나는 아세틸피롤 등이 많았다. 둥굴레차와 특히 다른 점이 있다면 쓴맛 성분이 강하다는 것이다. 치커리는 남유럽의 가장 중요한 농작물의 하나인데, 품질을 정하는 기준의 하나는 쓴맛 성분인 세스키테르펜 락톤(sesquiterpene lactone)이다.

치커리차의 유리아미노산을 분석한 결과 치커리차에서는 아르기닌이 53.9%로 절반 이상을 차지하였고, 플로린이 19.3%, 세린이 6.5%를 차지하였다. 치커리차는 냄새는 구수하나 쓴맛 성분인 락트신류뿐만 아니라 쓴맛과 관계되는 아미노산인 아르기닌이 절반 이상 차지해 쓴맛이 난다. 그러므로 볶은 옥수수나 현미를 섞어 마시면 쓴맛이 다소 줄어들 것이다.

치커리차도 제조 공정 중에 덖는 처리를 하므로 당 화합물과 아미노 화합물의 가열 반응에 의해서 일어나는 비효소적 갈변 반응의 산물인데, 이 생성물은 통상 항산화작용을 가지며 염기성 아미노산인 아르기닌의 경우가 그 효력이 강하다. 따라서 치커리차는 과산화지질을 억제하는 작용을 가진다고 예상할 수 있다.

치커리는 이뇨, 강장, 건위, 정형 등의 민간 약으로 이용되었으며 중국에서는 전초(全草)를 간염이나 황달의 치료에도 이용했다고 한다. 치커리의 뿌리에서 추출한 물질의 주요 성분은 다당류인 이눌린(inulin)이다. 이눌린은 인체 내에서 포도당의 흡수를 감소시키므로 당뇨병이 있는 환자에게 유익하다는 보고가 있다.

선옥죽차

선옥죽차(仙玉竹茶)는 다양한 품종의 둥굴레 중에서도 향미 및 약효가 뛰어나다는 용둥굴레(*Polygonatum involucratum* Maxim)를 이용해 만든 차이다. 용둥굴레의 꽃은 5~6월에 피며 잎겨드랑이에 2개씩 달리는데 2개의 포에 싸여 있다.

꽃을 덥고 있는 큰 포로써 다른 종류의 둥굴레류와 구별하기 쉬우며, 둥굴레나 진황정에 비해 흔하지 않다. 봄에 올라오는 새순은 죽순과도 닮았고, 왕들이 즐겨 먹었다고 해서 옥죽(玉竹)이라는 이름으로 불리기도 한다.

선옥죽차는 국내에서 시판되는 제품명이다. 선옥죽차

도 뿌리를 이용하지만 둥굴레차와 제조 방법에 차이가 있다. 선옥죽차 제조 방법은 먼저 4~5년 재배한 용둥굴레의 뿌리를 깨끗이 씻어 찐다. 이를 식힌 뒤 다시 가열해서 건조시킨다. 이러한 과정을 9차례 되풀이하는 것을 9증9포(九蒸九暴)라고 하는데, 9증9포는 쓴맛과 독성을 제거하고 식물이 가진 효능을 최대치로 높여주며 인체에 흡수가 잘 되도록 하는 전래의 방법이라고 한다.

완성된 제품 100g당의 성분으로는 단백질 11.1%, 지질 0.3%, 탄수화물 80.9%(섬유질 20.4%), 회분 3.6%, 비타민 B군 0.12mg, 인 227mg, 칼슘 270mg이다.

필자의 실험실에서 선옥죽차 제조 과정 중에 일어나는 향기 성분의 변화를 원재료와 3증3포, 6증6포, 9증9포로 나누어 알아보았다. 원재료에는 냄새가 거의 없고 제조 과정이 진행되는 동안 달콤하고 고소한 향이 증가하였다. 선옥죽차 제조 과정에서 향기 성분은 시료를 가공하는 과정에서 현저하게 증가하였다.

선옥죽차의 중요한 향기 성분으로는 당의 열분해물이

라고 생각되는 달콤한 향을 내는 푸르푸랄, 푸라논, 아세틸 푸란 및 푸르푸릴 알코올 등이 많았으며 둥굴레차에 비해 구수한 향을 내는 피라진류는 적었다.

선옥죽차는 제조 공정에서 9증9포를 하므로 캐러멜화나 당과 아미노산과의 갈변 반응이 심하게 일어난다. 그 갈변 생성물은 항산화작용을 한다는 것이 연구되어 있으므로 선옥죽차가 몸안에서 과산화지질을 억제하는 효과를 예상할 수 있다.

동규자차

동규자(*Malva verticillata*)는 아욱과에 속하는 한해살이풀이다. 여름철에 꽃이 피고 가을에 열매를 맺는데, 이 열매를 '동규자'라고 하고 잎은 '동규엽'이라고 한다. 동규자는 카페인이 들어 있지 않은 순수 생약제이므로 습관성이 전혀 없어 중국 및 우리나라에서 예부터 한방차로 사용하였다. 쥐를 사용한 실험에서 동규자의 열매 및 잎이 변비를 개선하는 효과가 뛰어나다는 결과를 얻었다.

국내에서는 동규자의 잎을 이용하여 차를 만들고 이것을 동규자차라고 하고 있다. 동규자는 국내에서도 재배가 가능하나 미국에서 잎을 거의 가공한 상태로 들여오기 때문에 국내 제품의 원료는 대부분 미국산 수입품에 의존하고 있다.

동규자차 100g당 성분으로는 단백질 14.4%, 탄수화물 52.9%, 비타민 A 1963.2IU, 비타민 B군 0.15mg, 비타민 C 34.5mg, 칼슘 33mg, 철 16.7mg, 배변산(pantotene) 약간이다.

배변산은 소장에서 연동운동을 하고 소장벽에 작용해 점액의 분비를 촉진시키고 장 운동을 활발하게 하여 배설작용을 원활하게 한다. 동규자차는 변비를 치료하고 정장작용을 하는 것 외에 장 운동을 촉진시킴으로써 잉여 영양분이 축적되는 것을 방지하여 다이어트 효과를 낸다. 또 정장작용 및 변비를 해결하여 피부미용에도 효과적이다.

순수한 동규자차는 풀 냄새가 강하고 맛이 쓰다. 필자의 실험실에서 동규자차의 향기 성분을 추출하여 분석한 결과, 순수한 동규자차에는 박하 향을 내는 캠퍼

(camphor), 멘톨(α-menthol) 등과 풀 냄새를 내는 메틸헵테논(6-methyl-5-hepten-2-one), 이오논(β-ionone) 등과 비닐 메톡시 페놀(4-vinyl-2-methoxy-phenol), 지방산 등이 밝혀졌으나 달콤하고 구수한 향기 성분은 동정되지 않았다.

국내 동규자차 제조업체에서는 향을 개선시키기 위해 변비 효과가 있는 차전자피(질경이씨), 삼백초 등의 약재를 첨가하기도 하고 박하나 헤이즐넛 같은 강한 향을 첨가하기도 한다.

필자의 실험실에서 여러 가지 재료를 첨가하여 관능검사를 한 결과 달콤하고 구수한 향기 성분을 내는 선옥죽차를 20% 첨가하니 풀 냄새가 적어질 뿐만 아니라 달콤하고 고소한 냄새가 증가하였다. 맛에도 선옥죽차를 첨가한 것은 쓴맛이 줄었으며, 단맛과 고소한 맛이 늘었다. 선옥죽차를 첨가한 것이 선호도도 높았다.

T사에 의하면 동규자차는 보통 저녁식사 후 한 봉지(티백)를 뜨거운 물에 우려서 마신다. 약간의 복통이 있

거나 가스가 발생하는 경우가 있는데, 이는 장운동이 활발해져서 나타나는 현상이라고 한다. 복통이 심할 경우 용량을 줄이거나 생강이나 계피 등을 섞어 마시도록 권하고 있다.

감잎차

감잎은 비타민 A · C · D · B1 및 판토텐산, 엽산과 같은 비타민류와 엽록소를 풍부하게 함유하고 있으며 플라보노이드 배당체, 다당류, 유기산 등과 칼슘, 인, 철분 등이 들어 있다. 특히 감잎의 타닌(카테킨류 포함)은 효과면에서 녹차와 유사한 점이 많다.

재료를 손쉽게 구할 수 있고 약리 효과가 있어 옛날부터 일반 가정에서 차로 만들어 이용해왔으나 최근에는 티백용으로 상품화되어 유통되고 있다.

감잎차는 4~5월경에 딴 어린 잎을 씻어 그늘에 말리거나 녹차처럼 솥에 덖어(더 늦게 수확한 것은 특히 솥에 덮어줌) 만들거나 증기로 찐 것을 그늘에 건조시켜 만들어 뜨거운 물에 우려 마신다.

차를 우린 액은 연두색을 띠며 맛과 향이 순하고 은은하다. 향기 성분을 분석한 결과 녹차와 같은 성분이 많았으며 향기 성분에 기여도가 낮은 탄화수소류도 많았다. 리나롤 등의 테르펜 알코올류가 많았으며 시스-3-헥세올은 녹차보다 함량이 많았는데, 이것은 본래 감잎이 가지고 있는 향으로서 풀 냄새와 관계 깊은 향기 성분이다. 꽃과 과일 향을 내는 메틸 재스모네이트도 포함되어 있었다.

감잎은 옛날부터 혈압 강하, 동맥경화, 심장병 등의 성인병 예방과 지혈 및 기관지염 치료에 약효가 있다고 하였다. 일본과 우리나라에서 최근 감잎의 타닌 성분을 중심으로 많은 연구를 하여 문헌으로만 내려온 감잎의 효능을 사실로 증명하고 있다. 자세히 말하자면 감 및 감잎의 타닌은 여러 가지 생물학적 활성과 함께 뱀의 독소 및 박테리아의 독소를 해독하고, 면역기능을 회복하며, 활성산소를 소거하는 작용 등이 있는 것으로 밝혀졌다. 또한 감잎의 플라보노이드는 종양세포의 증식을 억제한다고 하였다.

경남정보대학의 문숙희 교수는 박사학위 논문에서 감잎에 들어 있는 타닌이 강한 항돌연변이 효과, 항산화 효과, 암세포 증식 억제 효과를 가진다는 것을 입증하였다. 또 생체내 실험에서 고형암 성장을 저지하는 효과 및 수명을 연장하는 효과도 입증하였다. 이런 실험은 대부분 감잎의 성분을 용매로 추출한 것을 사용하므로 열탕으로 우린 액은 효과면에서 약하겠지만, 수용성 타닌류는 차액에 우러나므로 다소 효과가 있을 것이다.

부록 **차에 관해 무엇이든 물어보세요**

Q 우롱차는 어디에 좋은가

A 알칼리도가 강하며 이뇨작용과 해독작용이 있다. 지방분이 많은 중국요리를 먹을 때 적합하다. 차 추출액과 차 카테킨류는 화분병이나 천식 등에 의한 알레르기 증상을 억제한다는 연구가 보고되었는데, 최근의 연구에서 녹차나 홍차보다 우롱차가 그런 효과가 강하다고 밝혀졌다. 카테킨류가 알레르기의 원인이 되는 히스타민의 방출을 억제하기 때문에 효과가 있는 것으로 예상된다.

Q 우롱차는 양주를 마실 때 잘 나온다. 술과 차와의 궁합은

A 루마니아인들은 양주나 브랜디를 홍차에 타서 즐긴다. 마찬가지로 우롱차도 향이 좋은 차이니까 양주와 잘 어울린다. 게다가 차가 숙취를 풀어주므로 더욱더 좋다. 소주에 차 티백을 넣거나 캔 녹차를 섞어도 훌륭한 녹차 소주가 된다.

Q 차는 어디에서 주로 재배되나

A 차의 원산지는 중국이며, 현재 아시아를 중심으로 아프리카, 남아메리카, 오세아니아 등의 50여 국가에서 재배되고 있다. 차나무는 열대 지역에서 아열대 지역에 이르기까지 광범위하게 분포한다. 생육에 알맞은 온도는 연평균 14~16℃이고, 최저기온은 영하 5~6℃가 적당하다. 우리나라에서는 제주도, 전라남도, 경상남도 등 남부지방에서 재배되고 있다.

Q 녹차와 홍차를 우릴 때 물의 온도가 다른 이유는

A 녹차를 우릴 때 고급 녹차일수록 물의 온도를 낮게 해주는 이유는, 녹차에는 비교적 저비점의 향기 성분이 많기 때문이다. 감칠맛이 나는 아미노산의 종류는 비교적 낮은 온도에서도 용출되기 쉽다. 홍차에는 100℃에 가까운 열탕을 사용하는데, 그 까닭은 홍차의 향기 성분에는 중비점과 고비점의 화합물이 많아 홍차 특유의 향기를 즐기기 위해서다. 홍차에는 떫은맛 성분인 카

테킨류가 중합된 상태이므로 고온에서도 떫은맛이 많이 용출되지 않는다.

Q 각종 차의 유효기간에 대하여

A 보통 차의 유효기간은 개봉하기 전에는 2년으로 되어 있다. 그러나 개봉 후 차를 오래 보존하면 점점 신선한 향이 사라지고 색깔도 변하며 맛이 떨어진다. 우롱차는 녹차나 홍차에 비해 더 오래 보관해도 된다. 흑차는 20~30년 저장된 것이 오히려 부드럽고 풍미가 깊다고 평가되기도 한다. 차는 되도록 조금씩 자주 구입하는 것이 좋다. 녹차의 경우 50g 포장이 있고, 홍차는 30g 포장도 있다.

Q 재스민차는 어떻게 만드는가

A 재스민차를 만드는 방법은 녹차나 포종차를 이용하여 찻잎을 건조시킨 후, 찻잎과 재스민꽃을 차례로 층층이 쌓아 몇 시간 지나면 서로 뒤집어 혼합하고 다시

몇 시간 방치한 뒤 건조시켜 찻잎에 흡수된 수분을 제거한다. 주로 고급 차는 꽃잎을 체에 쳐서 없애고 저급 차에는 건조한 꽃잎을 첨가하는 경우가 많다. 재스민차는 동양의 이미지를 나타내나 익숙하지 않은 사람에게는 향이 강해 거부감을 주기도 한다. 참고로 향기요법에서 재스민꽃은 기분을 고조시키는 역할을 한다.

Q 녹차와 홍차의 제조 방법상 큰 차이점은

A 녹차는 증기로 찌거나 솥에 덖어 효소 작용을 중지시켜 녹색을 그대로 유지시키지만, 홍차는 뜨거운 열을 가하지 않고 적당한 온도에서 효소 작용을 진행시켜 산화에 의해 찻잎의 색이 홍색으로 변화하게 한다. 또 홍차는 발효시킨 후 마지막에 수분을 없애기 위해 열처리를 한다.

Q 녹차와 홍차의 성분상의 큰 차이점은

A 녹차는 가공 전의 색이나 성분 등이 남아 있지만

홍차는 효소 작용에 의해 성분이 변화하여 독특한 풍미를 형성한다. 홍차의 타닌은 대체로 불용성 타닌으로 변하므로 녹차보다 떫지 않다. 카로틴은 약 1/7로 줄고, 비타민 B_1과 B_2는 반으로 줄며, 비타민 C는 하나도 남지 않는다.

Q 차의 발효는 다른 식품의 발효와 어떻게 다른가

A 우롱차와 홍차의 발효에는 미생물이 관여하지 않고, 찻잎에 들어 있는 효소인 폴리페놀옥시다아제가 차의 색깔을 변화시킨다. 효소에 의한 색깔 변화도 발효라는 용어를 사용하고 있다. 그러나 미생물에 의한 발효로 만든 차도 있는데, 찻잎을 대나무통이나 상자에 퇴적시켜 방치하면 외부로부터 미생물이 침투해 발효시키는 후발효차가 있다. 퇴적차라고 하는 흑차와 찻잎을 열처리한 후 혐기 상태(산소를 없앰)에서 박테리아에 의해 발효시키는 담근차도 미생물에 의한 발효 과정을 거쳐 만든 차이다.

Q 홍차에 밀크를 넣으면

A 밀크의 단백질 성분이 홍차의 타닌과 결합하여 타닌을 불용성 물질로 바꾼다. 그래서 우유는 홍차의 떫은맛을 제거하는 역할을 하며 위도 보호해준다.

Q 홍차에 레몬을 넣으면

A 홍차에 레몬을 넣으면 차의 떫은맛이 약간 감소하고, 홍차의 맛이 부드럽게 되는 효과가 있다. 또 홍차 특유의 적갈색이 밝아진다. 왜냐하면 홍차의 색깔을 나타내는 테아플라빈과 테아루비긴 등은 카테킨이 산화되어 생긴 물질인데, 이들이 유기산에 의해 화학변화가 일어나기 때문이다. 따라서 레몬의 시큼한 맛과 향을 즐기고 시각적으로 아름다운 차 색깔을 즐기기 위해서는 홍차에 레몬 한 조각 넣는 것도 나쁘지는 않을 것이다.

Q 홍차를 우렸을 때 잔 둘레에 금환이 있으면 좋은 차라고 하던데

A 찻잎에 본래 들어 있는 색소는 황금색의 플라본 색소이다. 홍차를 제조할 때 타닌의 중합물인 적색 색소가 생성되는데, 황금색이 잔 가장자리에 있는 것은 색소의 조화가 좋은 것으로 고품질의 홍차에 나타나는 현상이다.

Q 좋은 홍차의 조건은 무엇인가

A 홍차를 고를 때는 잎차의 경우 형이 고른 것이 좋다. 색과 광택 또한 좋아야 한다. 홍차를 우렸을 때 차액색이 선홍색이어야 하고 향이 좋아야 한다. 그리고 우려낸 후의 차 찌꺼기가 고르고 색이 구릿빛일 때 좋은 홍차라고 할 수 있다.

Q 얼그레이(Earl Grey) 홍차란

A 얼그레이는 본래 1830년대 영국의 얼그레이 백작

이 중국에서 가져와 즐긴 데서 유래한다. 처음에는 홍차에 감귤류인 베르가모트 과일즙을 섞었지만 지금은 베르가모트 정유(精油)를 부여하고 있다. 향이 강해서 밀크를 넣지 않아도 되며 아이스티에 적합하다.

Q 시티시(CTC) 홍차란

A 시티시(CTC)란 Crush(분쇄), Tear(찢기), Curl(비틀기)의 약자이다. 시티시(CTC) 홍차란 이런 조작을 동시에 행하는 기계를 이용하여 단시간 내에 찻잎 세포를 현저하게 파괴시켜 제조한 홍차이다. 전통적인 방법보다 시간과 비용이 절약되나 향미는 떨어진다. 주로 블렌드용이나 티백용으로 이용된다.

Q Orange Pekoe(OP) 홍차는 오렌지와 관계가 있나

A 오렌지(orange)와 관계가 없다. 홍찻잎에서 두 번째의 어린 잎이며, 솜털로 덮여 있고 우린 차액 색깔이 엷은 오렌지색을 하고 있다. 단순히 실론티와 인도차의

대표적인 브랜드를 의미할 때도 있다. 품질이 좋은 홍차에 속한다.

Q 홍차에 설탕 대신 벌꿀을 넣으면 색이 혼탁해지는데

A 벌꿀에 있는 철분 성분이 홍차의 카테킨과 결합하여 착화합물을 형성하여 어두운 색을 낸다. 철분이 적은 벌꿀은 영향이 적다.

Q 우롱차의 제조 방법은

A 녹차와 홍차의 좋은 점을 취해서 만든 부분발효차이다. 부분발효차는 잎을 그대로 통풍이 좋은 곳에 펴서 햇볕에 쬐면서 상하로 뒤적인다(일광 위조). 그 다음 실내에서도 한 번 더 행한다(실내 위조). 향기 형성은 위조 시에 거의 결정되며 녹차와는 전혀 다른 향기가 있다. 솥에 덖을 때도 효소를 완전히 실활시키지 않고 덖음과 유념을 반복하여 발효를 진행시킨다. 그 후 불을 더 가해 남아 있는 효소의 활성을 고온으로 완전히 실활시켜

풀 냄새를 없애고 떫은맛을 감소시킨다. 마지막 건조에 의해 수분 함량을 4% 이하로 한다.

Q 우롱차라는 이름의 유래는

A 차의 모습이 까마귀와 같이 검고 용과 같이 구부러져 있다 하여 붙여진 이름이라고 한다. 한편 산지의 명칭에서 혹은 품종에서 혹은 우롱차를 퍼뜨린 사람의 아호(雅號)에서 따왔다는 설도 있다.

Q 우롱차는 몇 번이나 우려 마실 수 있나

A 유념(비비기)이 잘되어 있으므로 4~5번까지도 맛있게 우려 마실 수 있다. 참고로 우롱차의 찻잔은 매우 작다.

Q 티백에는 등급이 낮은 차를 사용하는가

A 아주 고급 차는 잘 사용하지 않는다. 포장에 비용이 들므로 무게당 가격으로 계산한다면 티백이라고 해

서 반드시 싸지는 않다.

Q 꽃차에는 어떤 것이 있나

A 재스민차는 중국에서 당나라 때부터 만들어졌다고 한다. 꽃차 중에는 재스민차가 85%로 제일 많다. 재스민꽃 이외에 세계적으로 사용되는 것은 장미, 국화, 유자꽃, 치자, 난 등이 있으며, 베트남의 연꽃차도 특이하다. 향이 좋아 차와 어울리며 독성이 없어 식용으로 할 수 있는 꽃은 무엇이든 꽃차로 이용할 가능성이 있다.

Q 가정에서 보리차 대용으로 차를 이용하는 방법은

A 주전자에 물을 끓일 때 일부 생산되는 엽차(녹차)를 소량 넣거나 티백을 사용하면 간편하다. 선물로 받은 우롱차가 있으면 우려내는 기구 등에 넣고 끓여도 된다. 통상의 방법으로 차를 연하게 우려 온 가족이 이용해도 좋다. 여름에는 물병에 담아 냉장고에 넣었다가 차게 마신다.

맺음말

미래의 차 산업을 전망하면서

  세계에서 생산되는 차의 양은 약 260만 톤(1996년 통계)이라고 하는데, 그 중 83.2%는 아시아에서 생산되고 14.4%는 아프리카에서 생산된다. 인도와 중국(대만 제외), 스리랑카, 케냐에서 생산된 차는 전체의 약 71.4%였다. 과거 수십 년 동안 세계의 차 생산량은 꾸준히 증가했으며, 2010년까지는 차 생산량이 더 늘어날 것이라고 전문가들은 보고 있다.

  차는 생활에 밀착된 세계적인 기호음료이자 보건 효과를 가지는 기능성 음료이기 때문에, 미래에는 지금보다 더 소비자들의 기호에 맞는 풍미를 보유한 차가 생산될 것이다. 또한 다양한 연령층의 요구에 걸맞는 기능성을 가진 차가 생산되는 방향으로 연구가 진행될 것이다.

따라서 미래의 차 산업은 생산, 가공, 유통, 저장, 소비에 있어서 지금까지의 문제점을 파악하고 개선점을 찾아 보다 나은 방향으로 개선되어야 함이 마땅하다. 여기서는 품종과 가공 및 유통 부문에서 앞으로의 차 산업을 전망해보겠다.

품종 개량 및 육종면에서

① 풍미를 높이는 차를 재배할 것이다.

향기에 있어서는 향기 분석기술이 발달되어 각종 차의 향기 성분을 분석하고, 그 생성 메커니즘을 규명하여 소비자들의 기호에 맞는 다양한 향기를 보유한 차를 선택할 수 있도록 차를 재배하게 될 것이다.

맛에 있어서는 저카페인 및 저카테킨 차를 선호하게 될 것이다. 사람들이 카페인의 부작용을 의식하고 있기 때문이다. 또한 카테킨의 약리 효과를 택하기보다 쓴맛과 수렴성의 맛을 싫어하는 소비자들에게 적합한 차를 재배하게

차의 육종

차의 배양

되므로 저카테킨 차를 재배하는 쪽으로 발전할 것이다.

② 높은 기능성을 보유하는 차를 재배할 것이다.

약리 효과를 가지는 카테킨, 플라보노이드, 감마 아미노 낙산, 베타-카로틴 등을 보유하는 차를 재배하여, 소비자들의 질병 및 체질에 맞는 차를 개발할 것이다. 현재 무기

질인 셀렌(Se)을 부가한 차나 섬유질이 많은 차 등의 개발이 진행되고 있다.

③ 다수확 재배를 할 것이다.

가격을 낮추기 위해 수경재배에 의한 생장 촉진법 등 그 밖의 방법을 연구하여 다수확 재배를 할 것이다. 살충제를 사용하지 않는 관리 방법을 강화하고 유기농법으로 기르며 컴퓨터를 이용한 비료 관리의 합리화를 꾀할 것이다.

④ 차나무의 유전자 조작이나 세포의 배양 및 융합에 의한 신품종의 차를 개발하는 것이 활발해질 것이다.

⑤ 많은 영양분을 함유한 차나무를 재배할 것이다.

가공 및 유통면에서

① 마시기 편리한 캔이나 드링크류가 유행할 것이다.

현대인들, 특히 젊은층은 보다 마시기 간편하고 편리한 음료를 선호한다. 이 때문에 과거 20년 동안 CTC 홍차를 개발하여 티백을 만들어 판매고를 현저히 상승시켰듯이, 인스턴트식 녹차 등이 많이 개발될 것이다.

또한 캔 음료도 꾸준히 인기를 끌 것이다. 캔 음료는 일본, 중국, 대만, 인도네시아 등을 중심으로 최근 5년 동안 급격하게 증가하였는데, 일본의 경우 전체 음료시장의 22%를 차지했다(1994년). 1988년 이래로 중국과 대만도 전 음료시장의 3분의 1을 캔 음료가 차지했다. 인도네시아도 캔 재스민차가 드링크 시장에서 우위를 차지하고 있다.

② 차의 효능을 실용화·산업화할 것이다.

차를 단순히 마시고 요리에 넣어 먹는 것뿐만 아니라 차의 효능을 적극적으로 산업화하여 실용화하는 연구가 계속될 것이다. 현재 차의 카테킨, 색소, 카페인 등의 이용에 초점이 맞추어지고 있다.

1996년에 일본에서 개최된 심포지엄에 참석했을 때 녹차 색소를 이용한 소형 타월이 소개되었는데, 항균작용이 있으므로 식당용 물수건으로 적합하다는 것이었다. 이때 차 카테킨을 넣은 마스크도 소개되었다.

우리나라에서도 차의 성분을 이용해 발냄새를 제거하는 구두가 판매되고 있으며, 차의 성분을 의류에 적용, 자외

선을 차단하는 효과에 관한 연구도 진행되고 있다. 이와 함께 차의 농축물을 이용해 항산화물질을 개발하거나, 차의 부산물인 차의 씨에서 사포닌을 추출하는 연구도 화장품 및 다른 화학산업에 다양하게 이용될 전망이다. 이처럼 차의 성분 및 부산물의 이용은 차 산업의 경제성을 증대시킬 목적으로 빠르게 개발되고 있으며, 이와 같은 차 제품의 실제적인 응용이 머지않아 우리 눈앞에 펼쳐질 것이다.

참고문헌

1. 차의 유래

석용운 : 한국다예. 도서출판 보림사. 1987

竹尾忠一 : 茶のかおりと茶樹種間特性. 化學と生物 72, 129. 1984

김종태 : 차의 과학과 문화. 보림사. 1996

Food Reviews International Special Issue on Tea. Dekkar Vol.11. No3. 1995

세계의 차. 국제차연구심포지엄 부록. 일본. 시즈오카. 1992

お茶の事典. 成美堂出版(日本). 1996

山西貞 : お茶の科學. 裳華房. 1992

이성우 : 한국식품문화사. 교문사. 1991

차의 문화와 효능. 국제심포지엄 논문집. 일본(가케가와). 1996

감승희(역) : 한국차생활총서. 한국차생활교육원. 1994

정상구 : 한국차문화학. 세종출판사. 1995

茶衆 : 丘山傳統文化硏究院. 제2호. 1992

김대성 : 차문화유적답사기. 불교영상. 1994

김종태 : 차 이야기. 오름출판. 1995

中林敏郞, 伊奈知夫, 坂田完三 : 綠茶, 紅茶 烏龍茶の化學と機能. 弘學出版社 1991

이성우 : 한국식품문화사. 교문사. 1991

2. 세계의 차 종류와 특징

お茶の事典. 成美堂出版(日本). 1996

최성희 : 태평양. 설록차. 1989

세계의 차. 국제차연구심포지엄 부록. 일본(시즈오카). 1992
出口保夫 : 英國紅茶の話. 東書選書. 1982
김종태 : 차의 과학과 문화. 보림사. 1996
おいしい紅茶. 日本紅茶協會監修. オーイズミ. 1995
차의 문화와 효능. 국제심포지엄 논문집. 일본(가케가와). 1996
연호택 : 세계의 차풍습. 다담(여름호). 1998

3. 차의 제조

村松敬一郎 : 茶の科學. 朝倉書店. 1992
김명배 : 한국인의 차와 다도. 기린원. 1988
감승희(역) : 한국차생활총서. 한국차생활교육원. 1994
석용운 : 한국다예. 보림사. 1983
山西貞 : お茶の科學. 裳華房. 1992
Encyclopedia of Food Technology and Nutrition. Academic press Vol.7. 1993
中林敏郎, 伊奈知夫, 坂田完三 : 綠茶, 紅茶 烏龍茶の化學と機能. 弘學出版社 1991
김종태 : 차의 과학과 문화. 보림사. 1996
山西貞 : お茶. 香料. 161호. 1989

4. 차의 성분

山西貞 : お茶の科學. 裳華房. 1992
中林敏郎, 伊奈知夫, 坂田完三 : 綠茶, 紅茶 烏龍茶の化學と機能. 弘學出版社 1991
최성희, 류미라 : 시판 녹차로부터 테아닌 함량의 분석. 한국식품과학회지. 24.

177. 1992

西工了唐 : 茶の澁味に關ちする新カテキん. 化學と生物. 21. 426. 1983

최성희 : 한국산 시판 녹차의 향기성분에 관한 연구. 한국식품과학회지. 23. 98. 1991

최성희, 배정은 : 지리산 녹차의 향기성분. 한국영양식량학회지. 25. 478. 1996

최성희, 이동훈 : 현미와 녹차의 혼합비에 따른 현미녹차의 향기성분과 기호도. 한국차학회. 1997

최성희 : 차의 풍미성분과 보건 효과. 동의대 부설 식품과학연구지. 7, 57. 1993

竹尾忠一 : 茶のかおりと茶樹種間特性, 化學と生物 72, 129. 1984

原利南, 久保田悅郎 : 綠茶火入れ中における香氣の形成と變化. 日本農藝化學會誌. 58, 2, 1984

原利南, 久保田悅郎 : 綠茶貯藏中の香氣成分の變化. 日本農藝化學會誌, 56, 625, 1982

Horita, H : Off-flavor components of green tea during preservation. JARQ, 21, 192. 1987

山西貞 : お茶の科學. 裳華房. 1992

차의 문화와 효능. 국제심포지엄 논문집. 일본(가케가와). 1996

김종태 : 차의 과학과 문화. 보림사. 1996

최성희, 김순희, 이병호 : 녹차 추출액이 궤양유발제 투여 흰쥐의 항십이지장궤양에 미치는 영향. 한국영양식량학회지. 22. 374. 1993

최성희 : 녹차로부터 동정된 휘발성화합물의 항돌연변이 효과. 차의 문화와 효능 국제심포지엄 논문집. 일본(가케가와). 1996

차의 품질 및 인간의 건강. 국제심포지엄 논문집. 중국(상해). 1995

原征彦, 小國伊太郎：お茶はこんなに茶く. 中日新聞社. 1990

中林敏郎, 伊奈和夫, 板田完三 : 綠茶, 紅茶, 烏龍茶の化學と機能. 弘學出版社. 1991

Oguni, I., Nasu, K., and Kanaya, S : J. Nutrition(Japan). 47, 93. 1989

原征彦, 松崎敏, 中林耕二：營養と食糧. 42, 39. 1989

太平洋. 雪綠茶. No. 11. 1990

문숙희 : 감잎의 항돌연변이 및 항암효과. 부산대학교 박사학위 논문. 1993

Maron, D, M and Ames, B, N : Mutat, Res., 113, 173. 1983

김노경 : 종양학, 서울대학교 의과대학편. 1988

本五郎, 日食工誌, 10, 365. 1963

Okuda, T., Kimura, Y., Yoshida, T., and Ariichi, S : Chem. Pharm.Bull, 31, 1625. 1983

하루야마 시게오 : 뇌내혁명. 사람과 책. 1996

Muramatsu, K., Fukugo, M., and Hara, M : J. Nutri. Sci. Vitaminol : 32, 613. 1986

Biosci, Biotech. Biochem : 57, 525. 1993

제5회 국제녹차심포지엄 논문요약집. 한국(서울). 1999

류병호 : 공포의 환경호르몬과 지구촌. 경성대학교출판부. 1998

이규태 : 이규태 코너. 조선일보사. 1990

제2회 국제녹차심포지엄 논문요약집. 한국(서울). 1993

최성희, 김순희, 이병호 : 녹차 추출액이 궤양유발제 투여 흰쥐의 항십이지장 궤양에 미치는 영향. 한국영양식량학회지. 22. 374. 1993

최성희, 문숙희 : 녹차로부터 동정된 휘발성화합물의 항돌연변이 효과. 차의 문화와 효능. 국제심포지엄논문집. 일본(가게가와). 1996

제4회 국제녹차심포지엄 논문요약집. 한국(서울). 1997

林英一 : 新お茶は妙藥. 新靜岡新聞社. 1990

김정균, 강지용, 전세열 : 현대 영양교육. 지구문화사. 1995

김종태 : 차의 과학과 문화. 보림사. 1996

편집자 : 태평양. 설록차. 1996

박춘옥 : 녹차와 성인병. 신지서원. 1996

이연자 : 차가 있는 삶. 초롱. 1998

山西貞 : お茶の科學. 裳華房. 1992

化學と工業. 52(3), 281. 1999

5. 차 마시기와 다양하게 즐기는 방법

山西貞 : お茶の科學. 裳華房. 1992

おいしい紅茶. 日本紅茶協會監修. オーイズミ. 1995

차의 문화와 효능. 국제심포지엄 논문집. 일본(가케가와). 1996

차를 다양하게 즐기자. 다담(가을호). 1997

감승희(역) : 한국차생활총서. 한국차생활교육원. 1994

紅茶. カタロダ. 西東社(日本). 1994

정상구 : 한국차문화학. 세종출판사. 1995

お茶の事典. 成美堂出版(日本). 1996

6. 세계의 차 풍습

최성희 : 태평양. 설록차. 1989

おいしい紅茶. 日本紅茶協會監修. オーイズミ. 1995

太陽. 平凡社. No. 265. 1984

Food Reviews International Special Issue on Tea. Dekkar Vol.11. No.3. 1995

최성희 : 세계의 차풍습. 다담(여름호). 1993
연호택 : 세계의 차풍습. 다담(여름호). 1998
김재기 : 대만 차산업의 현황과 다예문화. 차연구회 소식지. 제3호. 1998
정상구 : 한국차문화학. 세종출판사. 1995
おいしい紅茶. 日本紅茶協會監修. オーイズミ. 1995
山西貞 : お茶の科學. 裳華房. 1992
감승희(역) : 한국차생활총서. 한국차생활교육원. 1994
紅茶. カタロダ. 西東社(日本). 1994
다구백과 : 태평양. 설록차. 1998

7. 현대인을 위한 건강차

최성희, 김국향 : 시판 둥굴레차의 향기성분 및 향기성분 생성 메커니즘. 한국차학회지 3, 141. 1997

김정규, 이용주 : 왕둥굴레의 생약학적 연구. 한국생약학회지. 11, 69. 1980

류기철, 정형옥, 김경태, 권중호 : 둥굴레차의 고품질화를 위한 볶음조건의 최적화. 29, 776. 1997

임숙자, 김계진 : 둥굴레 추출물의 당뇨 유발 흰쥐에 대한 혈당강하 효과. 한국영양학회지. 28, 727. 1995

최홍식, 남주형, 김택제, 권태환 : 숭늉의 향기성분에 관한 연구 II. 한국식품과학회지. 7, 15. 1975

김좌길 : 천연식물대사전. 남산당. 1992

백영근 : 옥죽차 제조과정 중의 향기성분 동정 및 활용. 동의대학교 대학원 석사학위논문. 1999

食用植物圖鑑 : 女子營養大學出版 1987

Angeline M. Peters, Nel Haagsma, Karl-Heinz Gensch, and Aart van

Ameromgen : Production and characterization of polyclonal antibodies aganist the bitter sesquiterpene lactones of chicory(Cichorium intybus L.), J. Agric. Food Chem., 44, 3611. 1996

E. leclercq : Determination of lactucin in roots of chicory(Cichorium intybus L.) by high-performance liquid chromatography. Journal of Chromatography. 283, 441. 1984

Jan St. Pyrek : Sesquiterpene lactones of cichorium intybus and leontodon autumnalis. Phytochemistry. 24, 186. 1985

Meehye-Kim and Hyum Kyung Shin : The water-soluble extract of chicory reduces glucose uptake from the perfused jejunum in rats, J. Nutr., 126, 2236. 1996

Teris A. Van Beek, Paul Maas, Bonnie M. King, Edith Ledercq, Alphons G. J. Voragen, and Aede de Groot : Bitter sesquiterpene lactones from chicory roots, J. Agric. Food Chem., 38,. 1035. 1990

Sung Hee-Choi : The aroma components and model system of aroma formation in chicory tea, 10th World Congress of Food Science and Technology. Proceeding. Australia. 1999

편집부 : Rat를 대상으로 한 동규자차 및 각 원료의 변비개선 효과실험, 태평양 설록차. 1993

최성희 : 두충차와 감잎차의 향기성분, 한국식품과학회지. 22, 4105. 1990

江蘇新醫學院編 : 中藥大辭典, 上海科學技術出版社. 1978

문숙희 : 감잎의 항돌연변이 및 항암효과, 부산대학교 대학원 박사논문. 1993

맺음말 - 미래의 차 산업을 전망하면서
제2회 국제녹차심포지엄 논문요약집. 한국(서울). 1993
차의 품질 및 인간의 건강. 국제심포지엄 논문집. 중국(상해). 1995
おいしい紅茶. 日本紅茶協會監修. オーイズミ. 1995

중앙생활사
중앙경제평론사

Joongang Life Publishing Co./Joongang Economy Publishing Co.

중앙생활사는 건강한 생활, 행복한 삶을 일군다는 신념 아래 설립된 건강·실용서 전문 출판사로서 치열한 생존경쟁에 심신이 지친 현대인에게 건강과 생활의 지혜를 주는 책을 발간하고 있습니다.

몸에 좋은 세계 차 완전정복

초판 1쇄 인쇄 | 2012년 6월 18일
초판 1쇄 발행 | 2012년 6월 22일

지은이 | 최성희(Sunghee Choi)
펴낸이 | 최점옥(Jeomog Choi)
펴낸곳 | 중앙생활사(Joongang Life Publishing Co.)

대　　표 | 김용주
책임편집 | 장청화
본문디자인 | 박성현

출력 | 영신사　종이 | 타라유통　인쇄·제본 | 영신사

잘못된 책은 바꾸어 드립니다.
가격은 표지 뒷면에 있습니다.

ISBN 978-89-6141-097-7(14510)
ISBN 978-89-6141-044-1(세트)

등록 | 1999년 1월 16일 제2-2730호
주소 | ㈜100-826 서울시 중구 다산로20길 5(신당4동 340-128) 중앙빌딩 4층
전화 | (02)2253-4463(代) 팩스 | (02)2253-7988
홈페이지 | www.japub.co.kr 이메일 | japub@naver.com | japub21@empas.com
♣ 중앙생활사는 중앙경제평론사·중앙에듀북스와 자매회사입니다.

Copyright ⓒ 2012 최성희
이 책은 중앙생활사가 저작권자와의 계약에 따라 발행한 것이므로 본사의 서면 허락 없이는 어떠한 형태나 수단으로도 이 책의 내용을 이용하지 못합니다.
※ 〈중앙 핸디북〉은 양방과 한방을 아우르는 건강서 시리즈로, 누구나 저렴하게 구입하여 손쉽게 활용하도록 작은 판형으로 만들었습니다.
※ 이 책은 《우리 차 세계의 차 바로 알고 마시기》를 독자들의 요구에 맞춰 작은 판형으로 새롭게 출간하였습니다.

▶ **홈페이지에서 구입하시면 많은 혜택이 있습니다.**

※ 이 도서의 국립중앙도서관 출판시도서목록(CIP)은 e-CIP 홈페이지(www.nl.go.kr/cip.php)에서 이용하실 수 있습니다.(CIP제어번호: CIP2012002426)